歩いてまわる
小さなロンドン

江國まゆ

大和書房

　初めての海外旅行に、ロンドンを選ぶという人は多いのではないでしょうか。日本にとって、もっとも身近なヨーロッパである英国の首都、ロンドン。初めて歩く街なのに、いつか来たことがあるような、そんな不思議な感覚にとらわれる人も多いといいます。

　一度訪れたら、二度、三度と戻ってきたくなるのもまた、ロンドン・マジックのひとつ。それはこの街の魅力を、たった一度の旅行では味わいつくせていないことを、誰もが感じるからでしょう。

　ロンドンが持つ多彩な魅力に少しでも多く触れるには、とにかく歩いてみるのがいちばんです。でも、慣れない土地を、限られた旅の時間内にうまく歩いてまわるなんて、難しすぎます。そんなとき、「ロンドンに暮らす友だちがいて、素敵なブティックやおいしいお店に、効率よく案内してくれたらなぁ」って、思いませんか？

　この本は、ロンドンに暮らし、街歩きが大好きな著者が、「このお店のケーキのほうがおいしいよ」「紅茶を買うならココ！」「このギャラリー、ちょっと面白いから見てみて」と、現地在住ならではの視点から、とっておきのスポットを紹介している一冊です。

　観光名所はもちろんおさえたいし、素敵な旅の思い出も持ち帰りたい。ロンドンだからって（!?）食事の妥協はいや！　できればおもしろい体験もしたい――そんな欲張り旅行者たちへの提案が、この本にはぎっしりと詰まっています。

　本書を片手に、後悔しないロンドン歩きを楽しみましょう！

歩いて楽しむロンドンの本です

街歩きの楽しみにあふれた『歩いてまわる小さなパリ』（カイエ・ド・パリ編集部／荻野雅代、桜井道子）がとても好評だったため、このロンドン版が作られることになりました。

本書ではパリ版と同様、ロンドンに来た旅行者が必ず訪れるトラファルガー広場やテムズ河、大英博物館などの観光スポットを中心に11のエリアを選び、観光の前後の時間を利用して歩いていけるおすすめのショップやレストランを紹介しています。

ロンドナーに愛され続ける小さな老舗、最新/定番の人気スポット、他のガイドブックには載っていないカフェやレストランなどを厳選した、ロンドン初心者、リピーターを問わず、限られた旅の時間内にロンドンを満喫したい旅行者のための一冊です。

{ お店紹介の見方 }

お店はエリアごとに紹介しています。

アルファベットと数字の組み合わせが郵便番号で、最初の部分「E」は「ロンドンのEast地区にある」ことを表しています（SWなら South West、ECなら East Central など）。

The Tea Building, 56 Shoreditch High Street, E1 6JJ
電話: 020 7729 1888
地下鉄: Old Street ●
Liverpool Street ●●●●
営業日: 月〜水 12:00〜24:00、
木 12:00〜25:00、金 12:00〜26:00、
土 10:00〜26:00、日 10:00〜24:00
定休日: 無休
予算: 前菜 £3〜、ピザ £7〜
www.pizzaeast.com

地下鉄 Northern Line の Old Street 駅が最寄りという意味です。2つの駅が記されている場合は、先に記しているほうがより近い駅です。地下鉄については P5 に記載。

予算、料金は1人当たりです。

無休と書かれていても祝日や年末年始は休みの場合があり、また、お店の都合によってお休みしている場合もあります。

お店のジャンルを示しています。

 グルメ／レストラン　 ファッション　 雑貨　 カルチャー　(1) ホテル

{ 地図の見方 }

おすすめの店が集まる場所を中心に、地区を1つから複数のエリアに分けました。迷いがちな人、時間があまりない人は、このエリアを中心にまわりましょう。

本文に盛り込めなかった、おすすめスポットを紹介しています。

中心となるエリアの周辺地図も載せています。自分で見つけたお店も書き加えて、オリジナル・マップを作ってみてください。

隣接するエリアへの方向を示しています。まだまだ歩けるという人は、2地区を組み合わせたプランを立ててみるのもよいでしょう。

徒歩の分数は、地図上の2本の旗の間を普通のペースで歩いた時間です。エリアの大きさを把握する目安にしてください。

WC 公衆トイレ	✚ 薬局
S スーパー	✈ 郊外電車駅（National Rail）
P 郵便局	★ 観光スポット
ATM ATM（24時間利用可）	
£ 両替所	

➡ tube（地下鉄）の路線

- Bakerloo Line
- Central Line
- Circle Line
- District Line
- Hammersmith&City Line
- Jubilee Line
- Metropolitan Line
- Northern Line
- Piccadilly Line
- Victoria Line
- Waterloo&City Line

ロンドン歩きの基本情報

{ ほんとに小さいんです }

ロンドン中心部を走る地下鉄のCircle Lineは、ちょうどミルク瓶を横にしたような形をしています。主な観光スポットはその中にすっぽりと収まっていますので、地下鉄をちょっと組み合わせれば思いのほかたくさんの場所を見てまわることができます。本書で紹介している1エリアは、大体どこも30分から1時間もあれば十分に歩いてまわれる距離。地下鉄マップは各地下鉄駅に備え付けられているものをもらっておきましょう。

{ 移動にはオイスター・カード }

ロンドンの移動には、地下鉄とバスを含めた公共交通機関に利用できるオイスター・カード（自動改札で精算を行うプリペイド式のICカード乗車券）を入手しましょう。現金で区間切符を購入することもできますが、オイスター・カード利用に比べて格段に割高となるのでおすすめしません（切符の場合、地下鉄1回乗車につき£4、オイスター・カードの場合最低で£1.80）。

オイスター・カードは地下鉄などの駅窓口で購入します。デポジットが£3必要ですが（初利用の際に自動引き落とし）、窓口でオイスター・カードを返却する際に残金と一緒に戻ってきます。1週間単位で滞在する場合は、7日間有効乗り放題タイプ（7 Day Travelcard £25.80）が便利ですが、そうでなければオイスター・カードにしましょう。5〜6日の滞在であれば、まず£20程度を購入して、必要であればあとから£5単位で入金し、最終日に駅窓口で精算するのがよいでしょう。また、日本でオイスター・カードをオンライン購入してから渡英することもできます。

詳しくは英国政府観光庁のサイトで：
www.visitbritainshop.com/japan/travel-transport.html

{ 歩き疲れたら }

本書では、本文で紹介できなかったおすすめカフェなどを、できるだけ地図の中で表示するようにしました。歩いている場所におすすめカフェ表示がなく、とにかく座りたくなったときには、スターバックスやコスタ、カフェ・ネロなどのチェーン店を利用してもよいでしょう。本書の地図ではとくに示しませんでしたが、街の至るところにあるので安心してください。

{ 人気レストランで席を確保するコツ }

ロンドンの人気レストランは、予約なしで当日に行っても入れない場合があります。特定のレストランを絶対に試してみたいという場合は予約しましょう。予約なしの場合は、ランチタイムにトライしてみるか、ディナーなら20時以降の混雑時間を避け、18〜18時半くらいのオープンしたての時間に行ってみると座れる可能性があります。

{ トイレに行きたくなったら }

ロンドンでは、トイレはデパートや食事をしたところですませるのが無難。そのほか中心部ではピカデリー・サーカス駅、グリーン・パーク駅などの地下鉄駅や、チャリング・クロス駅、ヴィクトリア駅、キングス・クロス駅など郊外列車が乗り入れている駅にトイレがあります。有料の場合は20〜30ペンスを入り口で支払って中に入ります。何もないところでどうしても行きたくなったら、パブのトイレを借りましょう！

持ち物リスト

日本は先進国の中でも日用品がとても安く手に入る国なので、英国で日用雑貨が思いのほか高いことにびっくりするかもしれません（とくに文房具！）。日本で当たり前に安く入手できるものでも、ロンドンでは見つけるのが難しかったり、高かったりするので、荷物になっても日本から持っていくほうがおすすめというものをここに提案しました。また、反対にロンドンで買ったほうがよいものもいくつかあるので、それも併せてご紹介します。

とはいえ、たいていのものは現地スーパーマーケットで調達できますので、「あれを持ってくるのを忘れた！」という場合でも、この本の地図で **S** と表示しているスーパーや、**+** で表示している薬局をうまく利用してみてください。日本の味恋しさに、おしょうゆをスーツケースにしのばせてくる人もいるかもしれませんが、ロンドンのスーパーでは、おしょうゆ（soy sauce）でさえ、ふつうに売っています！

｛日本から持っていくと便利なもの｝

折り畳み傘：「ロンドンには一日のうちに四季がある」と言われるほど、お天気が変わりやすいのが特徴。大雨は少ないですが、軽い雨はしょっちゅう。

カーディガン/ストール：夏でも日本に比べると比較的涼しいロンドンでは、温度調整をするためのアイテムは必須。重ね着ファッションがロンドナー流。

歯ブラシセット：ホテルにはないことが多い。

スリッパ：ホテルにはないことが多いので、履きたい人はぜひ。

リンス：シャンプーはあってもリンスのないホテルが多い。

タオル：ホテルには厚手タオルしかない場合が多いので、日本式の薄いタオルが必要なら1枚くらいは持っていくべし。

生理用品：日本のもののほうがよく考えられたデザインであることが多い。

プラグアダプター：コンセント・プラグの形が違うので、日本→英国のアダプターが必要。英国に入ると入手困難になるので、必要なら忘れないよう要注意。

｛ロンドンで買うと便利なもの｝

「London A-Z」：ロンドン中のすべての通りが記載されている、ロンドンを歩く人のための必需マップ。索引から自分がいる場所をすぐに見つけることができる。本屋、雑誌屋のWH Smith、キオスク、スーパーなど、あらゆる場所で入手可能。

エコ・バッグ：スーパーなどの丈夫なエコ・バッグは店オリジナルのものが多く、おみやげになるほか、スーツケースからあふれたたくさんのおみやげを機内持ち込みするときにも大活躍。

アンティークの生活雑貨：ロンドンではいろいろなマーケットやセカンドハンド（中古）店などで生活雑貨を安く売っています。惣菜や飲み物などをホテルに持ち帰ったときのために、スプーンやフォーク、グラスなど、ヨーロッパらしい趣あるものを選んで購入すれば、その場で使え、また旅の思い出にもなるので一石二鳥です。

もくじ

ロンドンの街歩きはここから！

SOHO &
Covent Garden

ソーホー＆コヴェント・ガーデン

ロンドンのおへそ、トラファルガー広場を含むこのエリア
はロンドン観光のスタート地点。ミュージカルの本場ウエ
ストエンド、歓楽街ソーホー、お買い物天国の大通り、心
躍るマーケット、世界的な美術館、そしておしょうゆ味に
引き寄せられるチャイナ・タウンなどなど、飽きることな
くロンドンの多彩な顔を楽しめます。

{ 主な観光スポット }

トラファルガー広場

ピカデリー・サーカス

ナショナル・ギャラリー／ポートレート・ギャラリー

オックスフォード・ストリート／リージェント・ストリート

チャイナ・タウン

コヴェント・ガーデン・マーケット

ロイヤル・オペラ・ハウス

ロンドン三越／日系食料品店＆レストラン

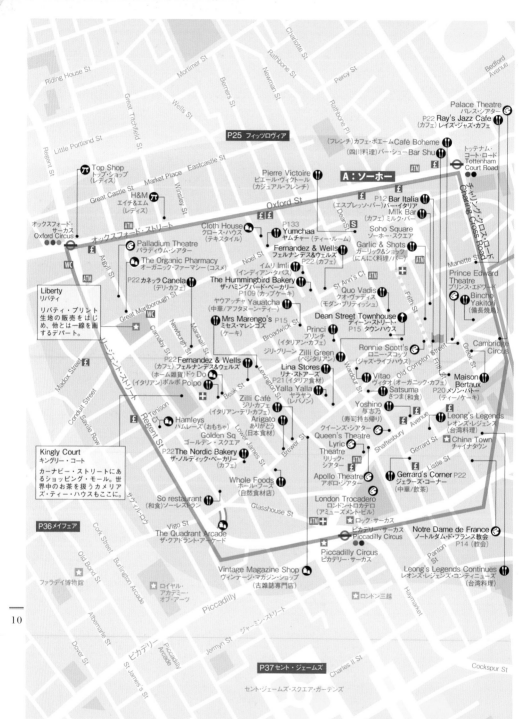

★ 大英博物館

James Smith & Sons
ジェイムス・スミス&サンズ（傘）

The Old Crown
ジ・オールド・クラウン
（パブ&レストラン）

Aveda
アヴェダ
（コスメ&カフェ）

Freud
フロイト
（カフェ・バー）

Poetry Cafe P22
ポエトリー・カフェ（カフェ）

Miller Haris
ミラー・ハリス
P42（香水）

Mysteries P22
ミステリーズ
（スピリチュアル）

Pix P112
ピックス（タパス）

Monmouth Coffee Company P60
モンマス・コーヒー・カンパニー（カフェ）

P22 カネッラ Canela
（デリ・カフェ）

Seven Dials
セブン・ダイヤルズ

Cambridge Theatre ケンブリッジ・シアター

Belgo Centraal ベルゴ・セントラール（ベルギー/ムール貝料理）

Food for thought フード・フォー・ソート（ベジタリアン）

The Organic Pharmacy ザ・オーガニック・ファーマシー（コスメ）

Earlham St

Fifi Wilson P19
フィフィ・ウィルソン（レディス）

Fopp
フォップ
（CD）

Tea House
ティー・ハウス（ティー）

Cath Kidston
キャスキッドソン
（雑貨）

Covent Garden
コヴェント・ガーデン
Covent Garden

Mysteries ミステリーズ（スピリチュアル）P22

Jamie's Italian
ジェイミーズ・イタリアン（イタリアン）

Royal
Opera House
ロイヤル・
オペラ・ハウス

H&M（レディス）
エイチ&エム

The Bead Shop
ザ・ビード・ショップ（ビーズ）

Pollock's Toyshop
ポロックス・トイショップ
（レトロな玩具）
P28

Caffe Vergnano 1882
カフェ・ヴァーグナーノ1882（カフェ）

Magma
マグマ（アート・ブック）
レスター・スクエア
Leicester Square

Orbital Comics
オービタル・コミックス
（コミック）

St Paul's Church
セント・ポール教会

Covent Garden Market
コヴェント・ガーデン・マーケット

Drury
ドゥルーリー（土産/食材）

Clos Maggiore
クロ・マジョーレ
（高級フレンチ）

Cecil Court
セシル・コート
（古本屋街）P18

Freed
フリード（バレエ/ダンス用品）

Wahaca
ワハカ（メキシカン）

Terroirs P19
テロワール
（ワイン・バー）

William IV St

★ ナショナル・ポートレート・ギャラリー

★ ナショナル・ギャラリー
Pall Mall East

セント・マーティン・イン・ザ・
フィールズ教会

Top Shop
トップ・ショップ
（レディス）

アデルフィ

★ トラファルガー広場

P62

ホルボーンへ
Holborn

ブルームズベリーへ

Sir John Soane's Museum
ジョン・ソーン博物館

建築家ソーン卿の個人収集コレクションを開放したミュージアム。コレクションも展示の仕方も一風変わっていて興味深い。

Neal's Yard
ニールズ・ヤード

ニューエイジ系のお店が並ぶ小さなコートヤード。

Fleet River Bakery
フリート・リバー・ベーカリー（ベーカリー・カフェ）

リンカーンズ・イン・フィールズ

Belgo
ベルゴ（ムール貝料理/バー）

Coopers
クーパーズ（フレンチ）

The Old Curiosity Shop P16
ジ・オールド・キュリオシティ・ショップ（靴）

Peacock Teatre
ピーコック・シアター

B：コヴェント・ガーデン

Theatre Royal Drury Lane
ドゥルーリー・レーン王立劇場

Hope and Greenwood P22
ホープ・アンド・グリーンウッド（駄菓子）

Primrose Bakery P135
プリムローズ・ベーカリー（カップケーキ）

Novello Theatre
ノヴェッロ・シアター

Sofra
ソフラ
（トルコ料理）

セント・メアリー・ル・ストランド教会

Bou Tea
ボウ・ティー
（ティー・ルーム）

Lyceum Theatre
ライシアム・シアター

Charles H. Fox
チャールズ・H・フォックス
（プロ用メークアップ用品）

★ コートールド美術館

サマセット・ハウス

London Transport Museum
ロンドン交通博物館

おみやげになりそうなものが盛りだくさんのミュージアム・ショップは超おすすめ。

Covent Garden Market
コヴェント・ガーデン・マーケット

選りすぐりのブランドやクラフト・ストールが集まる世界有数のマーケット。ロンドンで大道芸パフォーマンスを見られるのはここだけ。

P48
サウス・バンク&
ロンドン・ブリッジへ

Waterloo Bridge
ウォータールー・ブリッジ

ヴィクトリア・エンバンクメント
Victoria Embankment

N

1:7,500

0　　　　100m

チャリング・クロス
Charing Cross

チャリング・クロス駅
Charing Cross

エンバンクメント
Embankment

Northumberland Avenue

サウス・バンク&
ロンドン・ブリッジへ
P48

徒歩約3分

移民たちの文化が
クールに融け合った歓楽街

かつて移民の街だった SOHO（ソーホー）には今でも多国籍な店が多く、酔いどれ詩人たちが夜ごと入り浸った猥雑な歓楽街としての面影も残っています。とはいえ、今や最高にファッショナブルなロンドンの中心街としても定着。数々の観光スポット、個性を競うショップやカフェ、隣接するチャイナ・タウンも含めて、あっという間に歩いてまわれる広さです。まずは SOHO でロンドンの「今」を目撃！

エスプレッソを飲みながら24時間ピープル・ウォッチング

Bar Italia 🍴

バー・イタリア

この店を抜きに SOHO は語れないというほどのランドマーク的エスプレッソ・バーです。1949年創業。古い常連から観光客、文化人やセレブリティ、ロシア人ビジネスマンまで客層は多種多彩。店を訪れる人々、窓の外を行き交う人々を眺めていると、バー・イタリアが「世界のカルチャー交差点」であるというのも納得できます。

ロンドンのカフェとしては珍しく24時間営業なので、移動中に軽くエスプレッソをひっかけるもよし、クラブ帰りの朝食に立ち寄るもよし、ひねもすピープル・ウォッチングを決め込むもよし、楽しみ方はあなた次第。ワールド・カップでイタリアが優勝した日、8000人がここを目指したという伝説のバーで、まずはロンドンで最初のコーヒーをどうぞ。

有名無名を問わず、常連たちの写真が壁一面を埋め尽くす店内は創業当時のまま。

22 Frith Street, W1D 4RP
電話：020 7437 4520
地下鉄：Tottenham Court Road ●●
営業日：毎日24時間
予算：カプチーノ £2.70、
パニーニ・サンドイッチ £5〜
www.baritaliasoho.co.uk

コーヒーはアンジェルッチ社の特別ブレンドを使用。

日曜の夕方はスクーター・クラブのバイカーたちでにぎわう。

SOHOの路地に面した静かな教会。

ジャン・コクトーの芸術に出会える聖空間

Notre Dame de France

ノートルダム・ド・フランス教会

レスター・スクエアのにぎわいがうそのような、チャイナ・タウン寄りの路地に、知る人ぞ知る小さな、しかしとても美しいフレンチ・カソリック教会が佇んでいます。足を踏み入れてすぐ目を奪われるのは、つがいの動物たちに囲まれたマリア様を描いた祭壇上のタペストリー。思いがけずかわいらしい姿にはっとさせられます。そして左手に見えるのは、パリの1920年代を華やかに彩った前衛芸術家、ジャン・コクトーが1960年頃に完成させた貴重な壁画。「まるで別世界にいざなわれるようだった」と作業中の感想を述べたというコクトーの、細部まで興味深い入魂の作品です。そのほか至るところにアートの薫り漂うこの教会は、疲れた心と身体を癒してくれる数少ないSOHOの聖スポットといえるでしょう。

受胎告知とキリストの受難をテーマにしたコクトーの壁画は、入って左奥の祭壇前にある。

5 Leicester Place, WC2H 7BX
電話：020 7437 9363
地下鉄：Leicester Square ●●
開館時間：毎日 9:30−21:00（ミサの時間はとくに静かにしましょう）
www.notredamechurch.co.uk/eng/
index2.html

観光アクセス抜群の隠れ家的タウンハウス・ホテル

Dean Street Townhouse 🔑

ディーン・ストリート・タウンハウス

SOHOのど真ん中という好立地にオープンしたばかりの
このホテルは、その名の通りエレガントなタウンハウスそ
のもの。ジョージ王朝時代をイメージしたインテリアに現
代的な洗練を施した部屋は機能的で、もっとも小さい部
屋でさえ気持ちよく泊まれること請け合いです。
バスタブは絶対という方はミディアム・サイズ以上の部屋
を予約して。アンティークなバスタブでお姫様気分を味
わえます。

英国の人気ナチュラル・ス
パ・ブランド「Cowshed」
のバス製品が使い放題。
会員制クラブのような秘
密めいた雰囲気もある
が、スタッフは気さく。

69-71 Dean Street, W1D 3SE
電話：020 7434 1775
地下鉄：Tottenham Court Road ●● / Leicester Square ●●
シングル £120〜、ダブル £220〜
www.deanstreettownhouse.com

ヴィーガンや小麦アレルギーにもやさしいケーキたち

Mrs Marengo's 🍴

ミセス・マレンゴズ（Mildreds 内）

老舗ベジタリアン・レストラン「Mildreds」のテイクア
ウェイ部門。創意あふれるパティシエが日替わりでつく
るケーキが目にも舌にもおいしいと評判です。豆乳を
使ったチョコレート・トリュフ・ケーキやホワイトチョコ・
チーズケーキなど、人気商品はすぐに品薄に。ランチ時に
は惣菜マフィンやベジタリアン・バーガー、各種サラダな
どを求める人々でにぎわいます。イートインも可。

惣菜類は大中小の容器
から選んで持ち帰りでき
る。アレルギーについて
は商品知識豊富なお店
のスタッフに相談してみ
よう。

45 Lexington Street, W1F 9AN　電話：020 7494 1634
地下鉄：Piccadilly Circus ●●
営業日：月〜金 8:00〜21:00、土 12:00〜21:00
定休日：日
予算：ケーキ £2.75〜、マフィン £1.75〜、惣菜 £3.50〜
www.mrsmarengos.co.uk

劇場とマーケットと
オルタナティブ・カルチャー

ロンドンでも指折りのユニークなカルチャーを発信し続けるコヴェント・ガーデン。青果市場として栄えたのはディケンズの時代のお話、現在はストリート・ファッションのメッカとして、またロイヤル・オペラ・ハウスをはじめ数々の劇場が軒を連ねるシアターランドとしていつも大にぎわい。もちろんマーケット巡りの楽しさも健在。大道芸人たちのパフォーマンスを見られるのもここだけです。

靴を探しながらディケンズの時代にタイムスリップ

The Old Curiosity Shop 🈁

ジ・オールド・キュリオシティ・ショップ

ロンドンをベースに活躍している日本人シュー・デザイナー、木村大太さんが経営するチャーミングなシューズ・ショップ。伝説のシュー・クリエイター、ジョン・ムーアの弟子であり、デザイナーとしてだけでなく職人としてもすご腕の木村さんが、お店の地下工房でこだわりの靴を作り続けています。さらにショップ自体も個性的。その昔、チャールズ・ディケンズが『骨董屋』（The Old Curiosity Shop）を執筆した際にインスピレーションを得たという建物は1567年の建造といわれ、ディケンズ好きたちの巡礼スポットにもなっているほど。この歴史と物語に満ちたショップで、年間わずか100～200足程度しか生産できないというハンドメイド靴を眺めるのは格別。ぜひ手にとってみてください。

ディケンズの時代を彷彿させる古くてちょっぴり変わった建物が目印。

13-14 Portsmouth Street, WC2A 2ES
電話：020 7405 9891
地下鉄：Holborn ●●
営業日：月－土 10:30－19:00
定休日：日
www.curiosityuk.com

16

英国人テキスタイル・デザイナー、マルゴ・セルビーさんとのコラボから生まれた靴。

すべて手作りされる靴は約£200〜。

どの店のご主人も一家言ある方ばかり。

古本の匂いに導かれるアンティーク通り

Cecil Court 🎨

セシル・コート

にぎやかなレスター・スクエア駅のすぐ近くに、ハリー・ポッター・シリーズに出てくるダイアゴン横丁のような趣をみせるセシル・コートがあります。ここは古書をメインに、古地図や古切手、古いプリント絵画、お札にコインなど「印刷」をキーワードにした商品を扱う骨董屋通り。中でも日本人の私たちになじみ深いのは、通りの中程に位置する英国児童文学専門の「Marchpane」というお店です。ルイス・キャロルの名著『不思議の国のアリス』の珍しい挿絵本を多く扱っているほか、ピーター・パンにピーターラビット、くまのプーさんからハリー・ポッターまで、新旧問わず英国児童文学のオールスターたちに、初版本や希少本の形で出会うことができます。

「Marchpane」で扱う古本の中には、あのピーター・パンの初版本も。お値段は£5000。

Cecil Court, WC2N
地下鉄：Leicester Square ●●
営業日：店によって異なるが、平均して
月一土 10:00/10:30–18:00/18:30
www.cecilcourt.co.uk
Marchpane：www.marchpane.com

忙しいガールズのためのキュートなセレクト・ショップ

Fifi Wilson 👜
フィフィ・ウィルソン

「忙しくて服を選ぶ時間がない自立した女性」のために
セレクトされたという洋服は、一目惚れ必至のかわいらし
いデザインばかり。エリザベス・ラウなどのUKブランドも
Fifiで扱われたことで人気に。「ただ着るだけでクールに
見える」ことを目指したFifi流ファッションがセレブたち
に重宝されているのもうなずけます。新進デザイナーの
洋服も随時入荷するので要チェック。

38 Monmouth Street, WC2H 9EP
電話：020 7240 2121
地下鉄：Leicester Square ●●
営業日：月－土 11:00－19:00、日 12:00－17:30
定休日：無休　www.fifiwilson.com
他店舗：1 Godfrey Street, SW3 3TA（P89A）

英仏ハーフのデザイナー、アナベル・ウィンシップの
メタリック・ピンクの靴やマヌーシュのキュートなワン
ピースなど、Fifi ワールドを堪能して。

バイオダイナミックなワインとフレンチ・タパスで乾杯！

Terroirs 🍴
テロワール

フランス語で「ワイン造りの風土」といった意味の店名が
示す通り、有機またはバイオダイナミック農法で造られた
ワインのみを扱い、ロンドンのワイン・ラヴァーたちを虜
にしているおしゃれな店。フランスのビストロの味を忠実
に再現したおつまみ類の評判も上々。とくにテリーヌやパ
テなどを盛り合わせた「シャルキトリー・セレクション」
はフレッシュで美味。お腹がすいているときはメイン・
ディッシュを選んで本格的に食事をすることもできます。

5 William IV Street, WC2N 4DW
電話：020 7036 0660
地下鉄：Charing Cross ●●
営業日：月－土 12:00－23:00　定休日：日
www.terroirswinebar.com

19

バー・エリアはランチ、ディナー・タイムを問わずオー
プンしていて、好きな時間に簡単なおつまみとワイン
を頼めるのも重宝する理由。

Central London

Classic Cafe & Shops

ロンドンには新しいお店ばかりでなく、何十年も、ときに100年も前から
変わらない佇まいを見せるレトロなお店たちが残っています。
思わずなつかしさが込み上げてくるクラシック・ショップたちと、
そこで働く人々を紹介します。

その昔、舞台女優だった
ミッシェルさん（右）、ター
ニャさんのチャーミング
な人柄に惹かれてたくさ
んのリピーターがやって
きます。

毎日11時半から12時くらいの間に焼き上がっ
てくるお菓子類は、ちょっぴりレトロな風情が。

Maison Bertaux
メゾン・バトー

1871年創業、SOHOで最も古いフレンチ・ティールームの
オーナーはミッシェル・ウェイドさん。14歳のときからこ
の店に出入りしており、現在は妹のターニャさんと一緒に
采配をふっています。1930年代のオリジナル・レシピを
使用した人気のクロワッサンは風味豊かでボリューム満
点。他のお菓子も昔風にちょっと大ぶりなところが常連
たちの支持を集めている理由です。

住所：28 Greek Street, W1D 5DD（地図P10A）
電話：020 7437 6007
地下鉄：Leicester Square ●●
営業日：月−土 9:00−22:30、
日 9:00−20:00
定休日：なし

Lina Stores

リナ・ストアーズ

イタリア人客が半分を占めるというリナ・ストアーズは戦後の創業。現在はアントニオ＆ガブリエラさんご夫婦が30年以上にわたって切り盛りしています。アントニオさんはホームメイド・ラビオリのフィリングや惣菜を丁寧につくるこだわりの人、ガブリエラさんは面倒見のよい「店のおふくろさん」。イタリアの田舎町に迷い込んだような気にさせられる、不思議なお店なのです。

2010年秋に改修しましたが、レトロ感はそのままに、ますますパワーアップしています！

「私のボスは奥さん」が口癖のアントニオさん。

住所：18 Brewer Street, W1F 0SH（地図P10A）
電話：020 7437 6482
地下鉄：PiccadillyCircus ●●
営業日：月ー金 9:00－18:30、土 9:00－17:30
定休日：日

Paul Rothe & Son

ポール・ロッシュ＆サン

1900年創業、1世紀以上にわたって親から子へと脈々と受け継がれている驚きのグローサリー＆カフェ。ご先祖はドイツ人というオーナーのポールさん、息子のスティーブンさん、そして20年以上この店で働いているジャッキーさんの3人が力を合わせるアットホームなお店。創業以来のレシピを守ったスープが自慢です。

ポールさんの手作りスープ（£3.20）。

住所：35 Marylebone Lane, W1U 2NN（地図P24B）
電話：020 7935 6783
地下鉄：Bond Street ●●
営業日：月ー金 8:00－18:00、土 11:30－17:30
定休日：日

SOHO&Covent Garden のおすすめ

A 🍴 **Fernandez & Wells**
フェルナンデス＆ウェルズ

妥協しないサンドイッチがここに

スローフード・ムーブメントに共鳴したクオリティ・フードを扱う超人気のカフェ。一日中混雑しているので、持ち帰りにして公園で食べるのが正解。

住所：73 Beak Street, W1F 9SR
電話：020 7287 8124
営：月－金 7:00－18:00、土 9:00－18:00、
日 9:00－17:00　無休

A 🍴 **The Nordic Bakery**
ザ・ノルディック・ベーカリー

小さな公園に面した北欧カフェ

スモークサーモン＆ディルやチーズ＆ピクルスなどのオープン・サンドは本格的な味。落ちつく北欧テイストの店内でカフェ・モカをどうぞ。

住所：14a Golden Square, W1F 9JG
電話：020 3230 1077
営：月－金 8:00－20:00、土 9:00－19:00、
日 11:00－18:00　無休

A 🍴 **Gerrard's Corner**
ジェラーズ・コーナー

チャイナ・タウンのおすすめ飲茶

点心のフィリングが新鮮、ジューシーで、ボリュームがあるのが特徴。中国人客が多い＝おいしい飲茶の証拠。無数にあるチャイナ・タウンのレストランでどこに入るか迷ったらここへ。

住所：30 Wardour Street, W1D 6QW
電話：020 7287 1878　営：月－木・祝 11:50－23:45、
金土 11:50－24:00、日 10:00－23:30　無休

A 🍴 **Ray's Jazz Cafe**
レイズ・ジャズ・カフェ

ジャズ好きじゃなくても楽しめる

ブック＆CDショップの中にあるシックなジャズ・カフェでは、18時くらいからひんぱんに無料ライブを開催。イベントは下記ウェブサイトでチェック。

住所：113-119 Charing Cross Road, WC2H 0EB
電話：020 7437 5660
営：月－土 9:30－21:00、日 12:00－18:00、
祝 11:00－20:00　無休　www.foyles.co.uk

B 🍴 **Canela**
カネッラ

多彩なフレーバーが新鮮な喜び

豆やチョリソ、塩ダラを使った料理など、ポルトガルやブラジルで食べられている料理を気軽に楽しめるデリ・カフェ。スイーツもおすすめ。

住所：33 Earlham Street, WC2H 9LS
電話：020 7240 6926
営：月－水 9:30－22:30、木金 9:30－23:30、
土 9:30－23:30、日祝 9:30－20:30　無休

B 🍴 **Poetry Cafe**
ポエトリー・カフェ

詩人たちが集まるベジタリアン・カフェ

ロンドン版ビートニクたちが集まるのは、英国詩学会が主催する居心地のいい文壇カフェ。ベジ料理とおいしいブラウニーをお供に、ときには文芸の薫り高い午後を。地階では詩の朗読会を開催。

住所：22 Betterton Street, WC2H 9BX
電話：020 7420 9887
営：月－金 12:00－23:00、土 19:00－23:00　休：日

B 🍴 **Hope and Greenwood**
ホープ・アンド・グリーンウッド

英国生まれのレトロな駄菓子屋さん

キャンディ、マシュマロ、ジェリー……イギリス人たちも駄菓子が大好き。カラフルでポップ、楽しくておかしなスイーツたちを好きなだけ袋に詰めて持ち帰ろう！　おみやげにしても喜ばれそう。

住所：1 Russell Street, WC2B 5JD
電話：020 7240 3314
営：月－土 10:30－19:30、日 11:30－17:30　無休

B 🎁 **Mysteries**
ミステリーズ

疲れた心に効く癒し系グッズ

ニューエイジ系の店が多いコヴェント・ガーデンらしい専門店。パワーストーンからタロット・カード、スピリチュアル系の本やヒーリング・ミュージックまで、充実した品揃えがうれしい。

住所：9-11 Monmouth Street, WC2H 9DA
電話：020 7240 3688
営：月－土 10:00－19:00、日祝 12:00－18:00　無休

素顔のロンドナーに出会う

Fitzrovia & Marylebone

フィッツロヴィア＆マリルボーン

オックスフォード・ストリートの北側エリアがフィッツロ
ヴィア、その西側がマリルボーン地区です。ここはオフィ
スや住宅にまじって、良質のレストランやカフェが数多く
点在している地域。とくにマリルボーン・ハイ・ストリート
界隈にはおしゃれな店が集中しています。緑豊かなリー
ジェンツ・パークはすぐそこ。

{ 主な観光スポット }

マダム・タッソー蝋人形館

シャーロック・ホームズ博物館

ロンドン・プラネタリウム

ウォレス・コレクション

リージェンツ・パーク

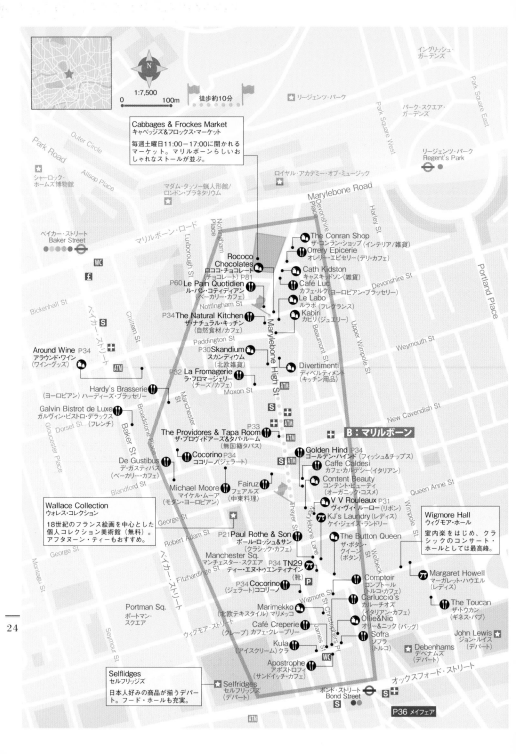

1:7,500

0 ── 100m

徒歩約10分

Cabbages & Frockes Market
キャベッジズ&フロックス・マーケット

毎週土曜日11:00〜17:00に開かれるマーケット。マリルボーンらしいおしゃれなストールが並ぶ。

リージェンツ・パーク

パーク・スクエア・ガーデンズ

イングリッシュ・ガーデンズ

リージェンツ・パーク
Regent's Park

ロイヤル・アカデミー・オブ・ミュージック

マリルボーン・ロード
Marylebone Road

シャーロック・ホームズ博物館

マダム・タッソー蝋人形館/ロンドン・プラネタリウム

ベイカー・ストリート
Baker Street

WC

£

Rococo Chocolates
ロココ・チョコレート
チョコレート）P81

P60 **Le Pain Quotidien**
ル・パン・コティディアン
（ベーカリー・カフェ）

P34 **The Natural Kitchen**
ザ・ナチュラル・キッチン
（自然食材/カフェ）

The Conran Shop
ザ・コンラン・ショップ（インテリア/雑貨）

Orrery Epicerie
オレリー・エピセリー（デリ・カフェ）

Cath Kidston
キャスキッドソン（雑貨）

Café Luc
カフェ・ルク（ヨーロピアン・ブラッセリー）

Le Labo
ル・ラボ（フレグランス）

Kabiri
カビリ（ジュエリー）

P30 **Skandium**
スカンディウム
（北欧雑貨）

P32 **La Fromagerie**
ラ・フロマージェリー
（チーズ/カフェ）

Around Wine P34
アラウンド・ワイン
（ワイン・グッズ）

Hardy's Brasserie
（ヨーロピアン）ハーディーズ・ブラッセリー

Divertimenti
ディベルティメント
（キッチン用品）

Galvin Bistrot de Luxe
ガルヴィン・ビストロ・デラックス
（フレンチ）

The Providores & Tapa Room
ザ・プロヴィドアーズ&タパ・ルーム
（無国籍タパス）

Cocorino P34
ココリーノ（ジェラート）

De Gustibus
デ・グスティバス
（ベーカリー・カフェ）

Michael Moore
マイケル・ムーア
（モダン・ヨーロピアン）

Fairuz
フェアルズ
（中東料理）

B：マリルボーン

Golden Hind P34
ゴールデン・ハインド（フィッシュ&チップス）

Caffe Caldesi
カフェ・カルデシー（イタリアン）

Content Beauty
コンテント・ビューティ
（オーガニック・コスメ）

V V Rouleaux P31
ヴィ・ヴィ・ルーロー（リボン）

KJ's Laundry
ケイ・ジェイズ・ランドリー（レディス）

Wallace Collection
ウォレス・コレクション

18世紀のフランス絵画を中心とした個人コレクション美術館（無料）。アフタヌーン・ティーもおすすめ。

P21 **Paul Rothe & Son**
ポール・ロッシュ&サン
（クラシック・カフェ）

Manchester Sq.
マンチェスター・スクエア

P34 **TN29**
ティー・エヌ・トゥエンティナイン（靴）

P34 **Cocorino**
（ジェラート）ココリーノ

Marimekko
（北欧テキスタイル）マリメッコ

Café Creperie
（クレープ）カフェ・クレープリー

Kula
（アイスクリーム）クラ

Apostrophe
アポストロフィ
（サンドイッチ・カフェ）

The Button Queen
ザ・ボタン・クイーン
（ボタン）

Comptoir
コンプトール
（トルコ・カフェ）

Carluccio's
カルーチオズ
（イタリアン・カフェ）

Ollie&Nic
オリー&ニック（バッグ）

Sofra
ソフラ
（トルコ）

Margaret Howell
マーガレット・ハウエル
（レディス）

The Toucan
ザ・トゥカン
（ギネス・パブ）

John Lewis
ジョン・ルイス
（デパート）

Debenhams
デベナムズ
（デパート）

Wigmore Hall
ウィグモア・ホール

室内楽をはじめ、クラシックのコンサート・ホールとしては最高峰。

Selfridges
セルフリッジズ

日本人好みの商品が揃うデパート。フード・ホールも充実。

Selfridges
セルフリッジズ
（デパート）

Bond Street
ボンド・ストリート

S

オックスフォード・ストリート

P36 メイフェア

Portman Sq.
ポートマン・スクエア

24

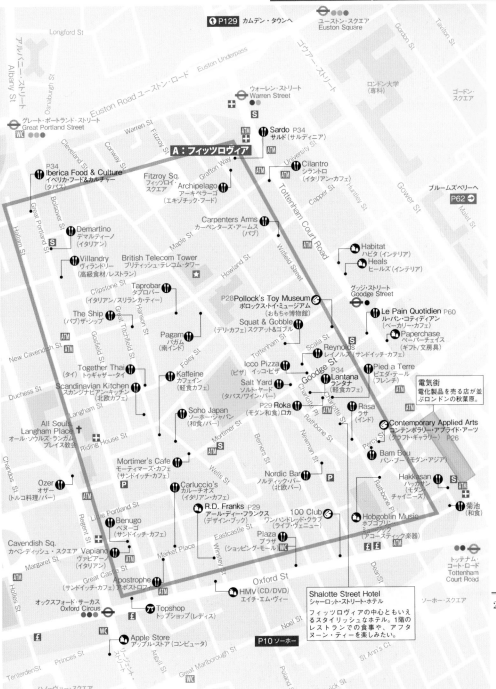

Fitzrovia
Fitzrovia & Marylebone

メディア・ピープルが
闊歩するおしゃれエリア

1920年代には、多くの文化人たちが住んでいたことでボヘミアン的な雰囲気に包まれていたフィッツロヴィア。著名人が住んだことを示すブループラークがたくさん見られるのも特徴です。このエリアの中心はグッジ・ストリート駅近くのシャーロット・ストリート。大手広告代理店をはじめメディア関係のオフィスが多くあり、ファッショナブルな雰囲気を醸し出しています。

英国の注目クラフト・アーティストたちが勢揃い

Contemporary Applied Arts 🎨
コンテンポラリー・アプライド・アーツ

300人を超える英国在住作家たちの作品を、随時展示を入れ替えながら紹介しているクラフト・ギャラリーです。空間は上下に分かれていて、上では企画展が催されています。セラミック、ジュエリー、彫刻、テキスタイル、ガラス、メタル作品まで、厳しい選考を受けて選ばれた実力派作家たちが、さまざまな素材を素晴らしく個性的な形に変身させ、「こんなのはどう？」と楽しげに披露している、そんな光景が見えてしまいそうな空間です。うれしいのは、どの作品も手を出しやすいお値段に設定されていること。大切に飾ったり身につけたりしたい一点ものを求めている人は、生涯のお気に入りに出会うチャンスかもしれません。いつ訪れても胸がときめいてしまう、私の大好きな場所のひとつです。

CAAはチャリティ母体の団体で、英国在住のクラフト作家たちを力強くサポートしている。

2 Percy Street, W1T 1DD
電話：020 7436 2344
地下鉄：Tottenham Court Road ●●
営業日：月—土 10:00−18:00
定休日：日、祝
www.caa.org.uk

ショップ・スペースの展示は作家のローテーションで行われる。

英国在住作家の職人魂に触れるチャンス。

レトロな店構えが妙にキッチュ。

入り口に展示された無数のトイ・シアター。

数と質に圧倒される摩訶不思議なおもちゃミュージアム

Pollock's Toy Museum 🎨

ポロックス・トイ・ミュージアム

オフィスが建ち並ぶ通りに突如現れるレトロなおもちゃ屋さんは、大人も子供もびっくりするような宝物がぎっしり詰まったミュージアムも兼ねています。ヴィクトリア時代のイギリスでもてはやされた立体紙芝居「トイ・シアター」のミニチュア劇場の作り手だったベンジャミン・ポロックの遺産を、一人の情熱的な女性が受け継いで完成させたこのミュージアムは、ほかにもドール・ハウス、ミニチュア兵士から齢100歳のテディ・ベアまで、世界中から集められた数えきれないほどの玩具たちがひしめくワンダーランド。古い民家を改造した展示スペースも独特で、まるで人形の世界に迷い込んでしまったかのような錯覚に陥ります。1階のショップで扱っているおもちゃも木や紙、ブリキでできた昔ながらのものだけです。

階ごとに展示カテゴリーが異なる趣向。人形がたくさんいる部屋は独特の雰囲気が漂う。

1 Scala Street, W1T 2HL
電話：020 7636 3452
地下鉄：Goodge Street ●
営業日：月〜土 10:00〜17:00
（入場は16:30まで）
定休日：日、祝
入場料：大人 £5、学生／シニア（60歳以上）£4、子供 £2
www.pollockstoymuseum.com
他店舗：44 The Market,
Covent Garden, WC2E 8RF

うれしい驚きに満ちたジャパニーズ・キュイジーヌ

Roka 🍴

ロカ

一枚板の大きなカウンターの中で炭火焼きのシェフたち
が忙しく動き回る様子を見るだけで気持ちが盛り上がっ
てくる、エリア随一の人気店。周囲で働くメディア関係者
でいつもにぎわっています。炉端焼きがコンセプトとはい
え、料理は明らかに西洋とのフュージョン。お寿司も焼き
物も日本にはない創作アイデアが魅力です。ディナー前
後は地下の焼酎ラウンジでカクテルを一杯がお約束。

37 Charlotte Street, W1T 1RR
電話：020 7580 6464　地下鉄：Goodge Street ●
営業日：ランチ 月－金 12:00－15:30、土・日 12:30－15:30
ディナー 月－土 17:30－23:30、日・祝 17:30－22:30
定休日：無休
予算：1人 £50〜　www.rokarestaurant.com

魚介もお肉も野菜も、炭火焼き料理はどれも絶品。
日本ではあまりおいしいものに出会えないラム肉も、
ここなら安心。

世界中のヴォーグ誌に出会えるブック・ブティック

R.D. Franks 📚

アール・ディー・フランクス

ココ・シャネルの友達でもあったドーラ・フランクスが、パ
リをはじめヨーロッパのファッション業界に接した経験
から1877年に創業した、世界でいちばん古いファッショ
ン・マガジン専門店。32ヵ国のヴォーグ誌をはじめ、世界
中から集められたファッション関連雑誌や書籍などが充
実しています。ファッションを学ぶ学生、デザイナー、ス
タイリストやバイヤーたちのメッカでもあります。

5 Winsley St, W1W 8HG
電話：020 7636 1244
地下鉄：Oxford Circus ●●●
営業日：月－金 9:00－18:00
定休日：土、日
www.rdfranks.co.uk

29

ファッション関連の本なら歴史書から実用書、雑誌
までなんでも揃う。ファッショニスタならぜひ足を運
びたい。

個性的なお店が集まる
ロンドン中心部のヴィレッジ

イギリスでは、住宅街の中にあるお店の集まったエリアを親しみを込めて「ヴィレッジ」と呼びますが、ロンドンの中心部にありながらローカルなヴィレッジ感覚を味わえる貴重なエリアがここ。目抜き通りからわずか徒歩5分の距離にあるマリルボーン・ヴィレッジの中心はマリルボーン・ハイ・ストリート。文化的な地元民のための個性的なショップの数々は、もちろん旅行者も楽しめます！

ほっとするシンプルモダンな北欧雑貨＆インテリア

Skandium
スカンディウム

北欧発の、シンプルで機能的、それでいてかわいらしいデザインは日本でも大人気ですが、イギリスでももちろん注目の的。大胆な柄とカラフルな色使いでおなじみのマリメッコやムーミン・ブランドのアラビアをはじめ、「スカンディウム」には北欧センスの光るインテリア雑貨が大集合しています。地階は家具売り場ですが、英国で人気の北欧デザイン家具を鑑賞するのも楽しい体験です。

86 Marylebone High Street, W1U 4QS
電話：020 7935 2077
地下鉄：Baker Street ●●●●● / Bond Street ●●
営業日：月ー土 10:00－18:30（木は19:00まで）、
日 11:00－17:00　定休日：無休　www.skandium.com
他店舗：247 Brompton Road, SW3 2EP

かなりの商品数を揃えた、北欧雑貨好きにはたまらないお店。イッタラ社のマリボウル・シリーズ（左下）は、色の取り揃えも豊富。

いったい何種類あるのかわからないくらいのリボンたち。　リボンは主に1階に、それ以外の商品は地階に揃う。

色とりどりのリボンに目移りする、めくるめく世界

V V Rouleaux

ヴィ・ヴィ・ルーロー

お花屋さんだったアナベル・ルイスさんが、ロンドンにはかわいいリボンを扱うお店がないうえに種類もあまりないことを不満に思い、世界中を旅して独自の調査を重ね、花屋を閉めてリボン専門店をオープンさせたのが1990年のこと。この新しいマーケットを狙ったビジネスはまたたくまに成功、成長し、今では様々な業界からひっぱりだこです。
バラエティに富んだリボンやレース、ファーだけでなく、コサージュや帽子飾り、鳥の羽根を使ったフリンジ、カーテン用のタッセルと呼ばれる房からビーズ・アクセサリーまで、およそ女の子の胸をときめかせるものすべてが、ここにはぎっしり。何かを手作りしたいとき、手芸アイデアを膨らませたいとき、真っ先に訪れたいお店です。

ケーキの飾り付け用リボンや、帽子、コサージュ、その他アクセサリーも揃う。

102 Marylebone Lane, W1U 2QD
電話：020 7224 5179
地下鉄：Bond Street ●●
営業日：月・火・金・土
9:30－18:00、水 10:30－18:00、
木 9:30－18:30　定休日：日
www.vvrouleaux.com
他店舗：54 Sloane Square,
SW1W 8AX

31

木のぬくもりを感じる店内はいつもお客さんでいっぱい。

チーズ・プレートでまずはお手並み拝見。

ほどよく熟成したチーズはお好き？

La Fromagerie

ラ・フロマージェリー

木をふんだんに使ったナチュラルな空間がかえってモダン
なチーズ＆グルメ食材屋さん。イギリス、フランス、イタリア
各地の選りすぐりのファーム・ハウスから取り寄せたチーズ
が、温度と湿度が適度に保たれたチーズ・ルームにベストな
状態で並びます。持ち帰りで迷ったときは気軽に試食を頼
んでみて。チーズは併設カフェに用意されている5種類の日
替わりチーズ・プレート（小£8.75／大£13.50）でも楽しめ
ます。このカフェは朝から夕方までオープン。朝食にグルメ
なチーズ・トーストを、ランチは日替わりプレートで、夕方は
チーズ＆テリーヌをおつまみにワインを一杯。ラ・フロマー
ジェリーは、マリルボーン・ヴィレッジのグルメな住民たちの
胃袋を、今日も幸せに満たしています。

チーズ・ルームに並ぶ多種多彩なチーズたちは、
全部試したくなるから困りもの。

2-6 Moxon Street, W1U 4EW
電話：020 7935 0341
地下鉄：Baker Street ●●●●● /
Bond Street ●●
営業日：月－金 8:00－19:30、
土 9:00－19:00、日・祝 10:00－18:00
定休日：無休　www.lafromagerie.co.uk

ちょっとリゾート風のフロントも魅力的。

タイの調味料ガピを使ったサラダ風の一品。

ピーター・ゴードンの無国籍料理をカジュアルに

The Providores & Tapa Room

ザ・プロヴィドアーズ＆タパ・ルーム

英国でもシュガー・クラブなどのレストランを成功させた
ニュージーランド人セレブ・シェフ、ピーター・ゴードン。彼の
ロンドン唯一のレストラン＆タパス・バーが、マリルボーン・
ハイ・ストリートにあります。西洋、環太平洋、そしてアジア
の料理を絶妙にマリアージュさせた定評あるピーターの創
作料理は2階のレストラン、プロヴィドアーズで堪能できます
が、もっと気軽に楽しみたいという場合は1階のタパ・ルー
ムがおすすめ。メニューを見ただけではどんな料理なのか
想像がつかないので、とにかく試してみること！　いい意味
で期待を裏切られること間違いなしです。大人気店なので
いつも混んでいますが、予約を受け付けていないタパ・ルー
ムの回転は早いので待ってみる価値あり。

ティータイムにはカップケーキなども楽しめる。
食材の組み合わせが面白いデザート類もぜひ。

109 Marylebone High Street, W1U 4RX
電話：020 7935 6175
地下鉄：Baker Street ●●●●● /
Regents Park ●
営業日：朝食・ブランチ　月ー金
9:00−11:30、土・日 10:00−15:00/
タパ・メニュー　月ー金 12:00−22:30、
土・日 16:00−23:00（日祝は22:00ま
で）　定休日：無休
www.theprovidores.co.uk

33

まだある！

Fitzrovia＆Marylebone のおすすめ

A 🍴 Iberica Food & Culture
イベリカ・フード＆カルチャー

ワインとタパスを心ゆくまで楽しめる

1階にはスペイン食材を扱うグルメ・コーナーもあり、気軽に本場のタパスを楽しめる雰囲気。とろけそうなイベリコ・ハムと白ワインでスタート！

住所：195 Great Portland Street, W1W 5PS
電話：020 7636 8650
営：タパス・バー（1階）月−土 11:30−23:00、
日 11:30−16:00（パエリア・メニューのみ）　休：祝

A 🍴 Sardo
サルド

パスタを試したいサルディニア料理

海鮮好き日本人向けサルディニア料理。濃厚な味付けがやみつきになるカラスミのスパゲッティやカニ肉のパスタのほか、日替わりパスタも要チェック。

住所：45 Grafton Way, W1T 5DQ
電話：020 7387 2521　営：月−金 12:00−15:00/
18:00−22:00、土 18:00−23:00
休：日祝

A 🍴 Lantana
ランタナ

コーヒーと軽食がおいしい小さなカフェ

タウン誌のベスト・カフェにも選ばれたシャーロット・プレイスの小さな店はオーストラリア・スタイル。朝食からディナー、コーヒーとケーキまで1日を通してグルメ・カフェの面目躍如。

住所：13 Charlotte Place, W1T 1SN
電話：020 7637 3347　営：月−水 8:00−18:00、
木金 8:00−21:00、土日 9:00−17:00　無休

B 🍴 Golden Hind
ゴールデン・ハインド

歴史あるフィッシュ＆チップスの横綱

毎日届く新鮮な魚を調理したイギリス名物は、地元民にも旅行者にも大人気。衣が薄くパリっとしているのが特徴で、数ある街のF&C店の中でも最高峰との呼び声高い。1人£10もあればお腹いっぱい。

住所：73 Marylebone Lane, W1U 2PN
電話：020 7486 3644　営：月−土 12:00−15:00/
18:00−22:00（土は夜のみ）　休：土昼、日

B 🍴 The Natural Kitchen
ザ・ナチュラル・キッチン

クオリティ・フードを扱う町の食材屋

マリルボーン・ヴィレッジに欠かせない存在となったこだわりのナチュラル食材の店。持ち帰りからイートイン、カフェ形式まで幅広く対応。グルメな人へのおみやげまで揃って一石二鳥です。

住所：77-78 Marylebone High Street, W1U 5JX
電話：020 7486 8065
営：毎日 8:00−20:00　無休

B 🍴 Cocorino
ココリーノ

ジェラートが人気のキュートなイタリア処

デリとジェラートで入り口が違う小さなお店は有名シェフ、フランチェスコ・マッツェイ氏のプロデュース。フルーツをたっぷり使ったクリーミーな手作りジェラートはマスト・トライ！

住所：18 Thayer Street, W1U 3JY
電話：020 7935 0810
営：毎日 7:00−20:00、祝 9:00−20:00　無休

B 🎁 Around Wine
アラウンド・ワイン

ワイン・グッズなら何でも揃う

幅広い品揃えを誇るワイン関連グッズの専門店。ワインのアロマを嗅ぎ分けるため練習キット「ルネデュヴァン」もここで入手可。あまり日本でみかけないグッズや書籍を目指して行ってみよう。

住所：57 Chiltern Street, W1U 6ND
電話：020 7935 4679
営：月−金 10:00−18:00、土 11:00−17:00　休：日祝

B 👡 TN29
ティー・エヌ・トゥエンティナイン

履いたとたんに踊りだしたくなる靴

ロンドンを拠点に活躍するトレイシー・ニュールズによるキュートなシューズの数々。曲線を重視したロマンチックなデザインは履き心地も抜群。ギャラリーを兼ねたショップは見ているだけで楽しい。

住所：29 Marylebone Lane, W1U 2NQ
電話：020 7935 0039
営：月−金 11:00−18:30、土日 12:00−17:00　休：祝

今も昔も紳士淑女の街

Mayfair & St James's

メイフェア＆セント・ジェームズ

ファッションに磨きをかけたい淑女たちのメイフェアと、紳士たちがおしゃれを楽しむセント・ジェームズ。隣り合わせの両エリアで彼女も彼も満喫した後は、ギャラリーでアートに親しみ、アフタヌーン・ティーで一息、ディナーはちょっと奮発してエレガントに。そんなコースが似合うエリアです。

{ 主な観光スポット }

バッキンガム宮殿（衛兵交替）

クイーンズ・ギャラリー

ロイヤル・アカデミー・オブ・アーツ（王立芸術院）

ボンド・ストリート

グリーン・パーク

セント・ジェームズ・パーク

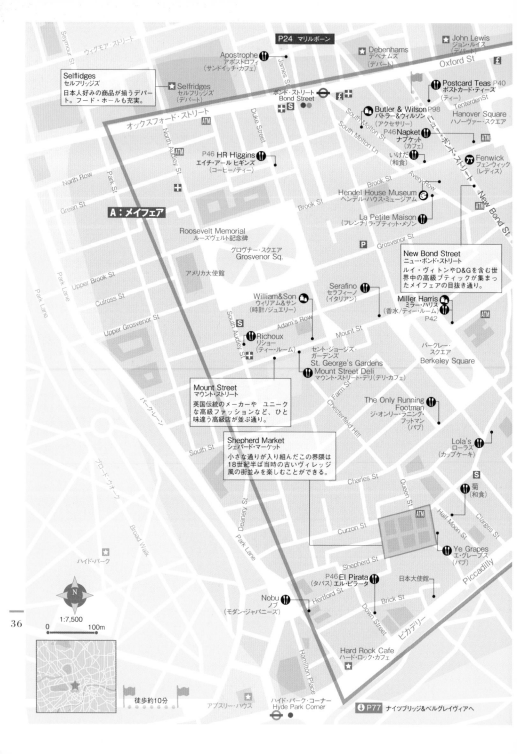

Apostrophe
アポストロフィ
（サンドイッチ・カフェ）

Debenhams
デベナムズ
（デパート）

John Lewis
ジョン・ルイス
（デパート）

Oxford St

Selfridges
セルフリッジズ
日本人好みの商品が揃うデパート。フード・ホールも充実。

Selfridges
セルフリッジズ
（デパート）

ボンド・ストリート
Bond Street

Postcard Teas P40
ポストカード・ティーズ
（ティー）

Tenterden St

Hanover Square
ハノーヴァー・スクエア

Butler & Wilson P98
バトラー＆ウィルソン
（アクセサリー）

P46 Napket
ナプケット
（カフェ）

オックスフォード・ストリート

ATM

North Row

North Audley St

P46 HR Higgins
エイチ・アール ヒギンズ
（コーヒー/ティー）

いけだ
（和食）

Fenwick
フェンウィック
（レディス）

Hendel House Museum
ヘンデル・ハウス・ミュージアム

A：メイフェア

Green St

Park St

La Petite Maison
（フレンチ/ラ・プティット・メゾン）

Roosevelt Memorial
ルーズヴェルト記念碑

グロヴナー・スクエア
Grosvenor Sq.

アメリカ大使館

New Bond Street
ニュー・ボンド・ストリート
ルイ・ヴィトンやD&Gを含む世界中の高級ブティックが集まったメイフェアの目抜き通り。

Upper Brook St

Culross St

William&Son
ウィリアム＆サン
（時計/ジュエリー）

Serafino
セラフィーノ
（イタリアン）

Miller Harris
ミラー・ハリス
（香水/ティー・ルーム）
P42

Upper Grosvenor St

South Audley St

Adam's Row

Mount St

バークレー・スクエア
Berkeley Square

Park Lane

Richoux
リショー
（ティー・ルーム）

セント・ジョージズ・ガーデンズ
St. George's Gardens

Mount Street Deli
マウント・ストリート・デリ（デリ・カフェ）

Mount Street
マウント・ストリート
英国伝統のメーカーや ユニークな高級ファッションなど、ひと味違う高級店が並ぶ通り。

The Only Running
Footman
ジ・オンリー・ラニング・フットマン
（パブ）

Chesterfield Hill

Farm St

South St

Shepherd Market
シェパード・マーケット
小さな通りが入り組んだこの界隈は18世紀半ば当時の古いヴィレッジ風の街並みを楽しむことができる。

Lola's
ローラズ
（カップケーキ）

菊
（和食）

Charles St

Queen St

Hall Moon St

Clarges St

Curzon St

ATM

ハイド・パーク

Ye Grapes
エ・グレープス
（パブ）

P46 El Pirata
（タパス）エル・ピラータ

日本大使館→

Shepherd St

Brick St

Piccadilly
ピカデリー

Nobu
ノブ
（モダン・ジャパニーズ）

Hertford St

Down St

1:7,500
0   100m

ハイド・パーク

Hard Rock Cafe
ハード・ロック・カフェ

N

徒歩約10分

アプスリー・ハウス

ハイド・パーク・コーナー
Hyde Park Corner

P77 ナイツブリッジ＆ベルグレイヴィアへ

オックスフォード・
サーカス
Oxford Circus

P25 フィッツロヴィアへ

ソーホー・スクエア

Manette St

Apple Store
アップル・ストア (コンピュータ)

Princes St

No.5 Maddox Street
ナンバー・ファイブ・
マドックス・ストリート
P43

P10 ソーホー

citibank
シティバンク

Wild Honey
ワイルド・ハニー
(ヨーロピアン)
P46

肴菜亭
(和食)

Sketch: The Parlour P38
スケッチ:ザ・パーラー (ティー・ルーム)

チャイナタウン

Sotheby's
ソザビーズ
(オークション/ティー)

Golden Sq
ゴールデン・スクエア

Cork Street
コーク・ストリート
ロンドンのトップ画廊が軒を
連ねる充実のギャラリー街。

Vivian Westwood
ヴィヴィアン・ウエストウッド
(レディス) P90

Tibits P46
ティビッツ (ベジタリアン)

Nicole Farhi
Home
ニコル・ファリ・
ホーム
P46 (ホーム雑貨)

Aubaine P98
オーベイン
(フレンチ)

Momo
モモ
(モロッコ)

Habitat
ハビタ
(インテリア)

ロック・
サーカス

P46 Napket
ナプケット
(カフェ)

The Royal Arcade
ザ・ロイヤル・アーケード

P46

Haunch of Venison
ホーンチ・オブ・ベニソン
(ギャラリー)

ピカデリー・サーカス
Piccadilly Circus
(駅中にトイレ)

Faraday
Museum
ファラデー博物館

与志乃
(和食)

ジャーミン・ストリート

Brown's Hotel
ブラウンズ・ホテル
(ホテル/アフタヌーン・ティー)

Royal Academy
of Arts
ロイヤル・アカデミー・
オブ・アーツ

Japan Centre
ジャパン・センター (日本食材)

Rose Bakery P41
ローズ・ベーカリー
(ベーカリー・カフェ)

源吉兆庵
(和菓子)

St James's Church
セント・ジェームズ教会 (教会/マーケット)

Maison du Chocolat (チョコレート)
メゾン・ドゥ・ショコラ
Visiter Centre
ビジター・センター

John Rocha
ジョン・ロシャ
(レディス)

Prestat P44
プレスタ (チョコレート)

P46 Napket
ナプケット
(カフェ)

Fortnum &
Mason
フォートナム&メイソン
(高級食材)

Paxton & Whitfield P45
パクストン&ウィットフィールド
(チーズ)

B:セント・ジェームズ

The Ritz
ザ・リッツ/
(ホテル/
グリーン・パーク アフタヌーン・ティー)
Green Park

Matsuri
祭 (鉄板焼)

St James's Square Gardens
セント・ジェームズ・
スクエア・ガーデンズ

Sakenohana
酒の花 (和食)

Crown Passage
クラウン・パッセージ
ワインバー、パブ、レス
トラン、カフェなどが狭
い通りにぎっしり。

ICAギャラリー

The O'Shea Gallery
ジ・オシェア・ギャラリー
P46 (ギャラリー)

Spencer House
スペンサー・ハウス

Marlborough House
マルボロ・ハウス

Berry Brothers&Rudd
ベリー・ブラザーズ&ラッド
(ワイン/日本語可)

St. James's Palace
セント・ジェームズ宮殿

Clarence House
クラレンス・ハウス

グリーン・パーク

セント・ジェームズ・パーク

バッキンガム宮殿
クイーンズ・ギャラリー

P77 ナイツブリッジ&ベルグレイヴィアへ

セント・ジェームズ・パーク・レーク

Mayfair

Mayfair & St James's

A

英国流ゴージャスに触れる
女王陛下のお膝元

南にグリーン・パークをはさんでバッキンガム宮殿に隣接したメイフェアは、かつては上流・中流階級が多く住む高級住宅街でした。現在は有名ブティックや高級ホテルが集中する壮麗なエリアとして知られますが、グリーン・パーク駅裏側にあるシェパード・マーケットなど、波乱の歴史を秘めたユニークな一画も残っています。隣接するふたつの公園が、その魅力をさらに引き立てています。

ロンドンでいちばんファンキーな午後のお茶

Sketch: The Parlour 🍴

スケッチ：ザ・パーラー

物理化学を料理に取り入れミシュラン3つ星を獲得した前衛フランス人シェフ、ピエール・ガニェールが手がけた、ロンドンでも1、2を争うスーパー・クールなお食事スポット「スケッチ」。ギャラリー風のレストランやバーもぜひ試したいところですが、ガニェール・スタイルを気軽に楽しむなら、入り口すぐのカフェ「ザ・パーラー」へ。モダン・デカダンスが隅々までゆきわたったクセのあるインテリア、クラシカルでキッチュなティーセット、見た目も味も繊細なスイーツたち。遊び心が随所に感じられる非日常空間でいただくアフタヌーン・ティーは、ロンドン滞在のハイライトになること間違いなしです。予約は受け付けていないので、とにかく行ってみるべし。トイレも一見の価値あり！

インテリアはもちろん、ティーポットやお皿もアンティークなデカダン風。

9 Conduit Street, W1S 2XG
電話：020 7659 4500
地下鉄：Oxford Circus ●●●
営業日：月－金 8:00－22:00、
土 10:00－21:00（アフタヌーン・ティーは月－土 15:00－18:30）　定休日：日
www.sketch.uk.com

優雅なアフタヌーン・ティーは、ロンドン滞在中に一度は試したい。

ピンクパラダイス、チョコレート・エクレアなど、ケーキはすべて£5。

不思議な存在感のある建物は、大通りからすぐのところに。

Postcard Teas

ポストカード・ティーズ

オックスフォード・ストリートのすぐ裏手、大通りの喧噪が
ウソのように静かな一画に佇むティー・ショップ。オーナー
は、新世代の紅茶エキスパートとして活躍しているティム・
ドフェイさん。ティムさんは10年以上にわたってインドやスリ
ランカ、中国、日本などお茶の生産国を旅して回り、その奥
深さに魅入られたとか。味、香り、生産方法、すべてにおい
てクオリティの高い少数の小さな茶園に注目し、お店では自
身が納得した茶葉のみを扱っています。
そんなティムさんが提案するのは、実際に投函できるという
「ポストカード・ティー」。茶葉入りアルミ・パッケージにそ
のまま宛名を書いて切手を貼り投函すれば、個性的なおみ
やげのできあがり！

40

左：店内はちょっぴり和テイスト。
右：ポストカード・ティーは£3.50〜。

9 Dering Street, W1S 1AG
電話：020 7629 3654
地下鉄：Bond Street ●●
営業日：月－土 10:30－18:30
定休日：日
www.postcardteas.com

パリのキッシュは四角いけれど、ロンドンのは丸い！

英仏カップルによるパリ発イングリッシュ・ベーカリー

Rose Bakery

ローズ・ベーカリー

伝統的な店が多いメイフェアにあって、カラフルなファッションと大胆なディスプレイで注目を集めるドーバー・ストリート・マーケットはコム・デ・ギャルソンがプロデュース。このスタイリッシュなファッション・ビルの最上階に、オーガニック惣菜や素朴なケーキが並ぶ小さなカフェがあります。川久保玲さんの義妹にあたるオーナーのローズさんは、イギリス風のベーカリーをパリでオープンするという勇気ある冒険（？）に出て、シンプルだけれど素材の持ち味を生かしたレシピでヘルシー志向のパリジャンやパリジェンヌの心をしっかりと捉えました。いまやパリのお店は長蛇の列ができる人気店ですが、ロンドンのお店はまだ知る人ぞ知る存在。イギリスらしい素材力あふれる料理はぜひここで。

シェアしたいボリューム満点のサラダ・プレートは£10。日替わりランチや焼き菓子も充実。

41

Dover Street Market, 17-18 Dover Street, W1S 4LT
電話：020 7518 0680（ドーバー・ストリート・マーケット）
地下鉄：Green Park ●●●
営業日：月〜水 11:00〜18:30、木〜土 11:00〜19:00　定休日：日

気軽に立ち寄れる居心地のいいティールーム。

ミラー・ハリスは香りも色もスタイリッシュ。

香りの魔術師が贈るデリケートなアロマ・ティー

Miller Harris

ミラー・ハリス

有機的なボタニック柄が美しく映える色とりどりのパッケージは手に取るだけでうれしくなるデザイン。そこには天才調香師の名を欲しいままにするパフューマー、リン・ハリスが魔法のように紡ぎ出した香りの力作が詰まっています。「しっくりと肌になじむ」と評判の自然派フレグランスのほかに、メイフェア店ではオリジナルのオリーブ・オイルやこだわりの南フランス産ローズ・ウォーターなど、日本では販売していない商品も扱っています。さらに、香水と同じように繊細なアロマを醸すよう独自にブレンドされた6種類のリーフ・ティーを、併設ティールームで試すことができるのはここだけ。香水を買わずにお茶だけもOK。ロンドンでいちばん「香り高い」午後のお茶をぜひ試してみて。

英国の陶器ブランド、ブランクサム・チャイナ特注のカップ＆ソーサーでいただくお茶は格別。

21 Bruton Street, W1J 6QD
電話：020 7629 7750
地下鉄：Green Park ●●●
営業日：月－土 10:00－18:00
定休日：日
www.millerharris.com

自宅リビングのような空間でリラックス。

暮らしているように滞在できるフラット型ホテル

No.5 Maddox Street

ナンバーファイブ・マドックス・ストリート

リージェント・ストリートからすぐという好ロケーションにあ
るフラット形式のホテル。プライベート・キッチン、ダイニング
／リビング付きなので、長期滞在する場合や、ロンドンに住
んでいるように滞在したい人にうってつけです。部屋は1ベッ
ド、2ベッド、3ベッドの3種類あり、内装はロンドナーたちの
おしゃれなリアル・フラットにそっくり。コンテンポラリーで
落ち着いたインテリアのリビングでくつろいだり、庭付きタイ
プならゆっくりプライベート日光浴を楽しんだりと、思わ
ぬ贅沢を味わえます。2ベッド・ルーム・タイプに2カップル、
合計4人で泊まると、1人分の負担もリーズナブルに。また1
週間や1ヵ月の単位で借りるとさらに割安になるので、ホテ
ル側に相談してみてください。

冷蔵庫には基本食材が。食材の買い出しサー
ビスやルーム・サービスもある。

5 Maddox Street, W1S 2QD
電話：020 7647 0200
地下鉄：Oxford Circus ●●● /
Piccadilly Circus ●●
1ベッド・ルーム 1泊£260〜、
2ベッド・ルーム 1泊£525
www.no5maddoxst.com

43

古き良き
英国の良心に出会える

チャールズ皇太子夫妻と王子たちの公邸、クラレンス・ハウスを間近にいただくセント・ジェームズは英国紳士のショッピング街として知られますが、最近はユニセックス・シャツを扱う洋服店も出現。滞在に余裕があれば身体にぴったりフィットするシャツを仕立ててみてはどうでしょう。散策の起点は、フォートナム＆メイソンのすぐ裏手にのびるジャーミン・ストリートです。

故ダイアナ元妃も愛したポップなチョコレート

Prestat 🍴
プレスタ

光沢のあるカラフルなパッケージが乙女心をくすぐるプレスタのロンドン唯一の路面店は、プリンセス・アーケード内にあります。1世紀以上にわたって受け継がれてきたハンドメイド・チョコはロイヤル・ワラント（英国王室御用達）を保持。さわやかな甘さで根強い人気のピンク・シャンパン・トリュフもはずせませんが、このブランドらしさがよく出ているシンプルでコクのあるダーク・チョコ・トリュフもおすすめ。

44

14 Princes Arcade, SW1Y 6DS
電話：020 8896 8699
地下鉄：Piccadilly Circus ●●● / Green Park ●●●
営業日：月―土 10:00―18:00　定休日：日
www.prestat.co.uk

コレクションしたいくらいかわいいプレスタのパッケージは、それだけでうれしくなるおみやげ。

夏はチーズのために、ロンドンにしては珍しく冷房が入る。

1797年創業のロンドンでいちばん古いチーズ屋さん

Paxton & Whitfield 🍴

パクストン&ウィットフィールド

ウィンストン・チャーチルをして「パクストン&ウィットフィールドでチーズを買うのが真の紳士」と言わしめた由緒正しいチーズ・ショップは、もちろんロイヤル・ワラント保持店。サマセット州にある農場で3世代にわたって手作りされているチェダー・チーズの王様「モンゴメリー・チェダー」など、英国内の名産品だけでなくヨーロッパ各地の小規模生産者による選りすぐりの名チーズが集まっています。またチーズ用ビスケット、チーズおろし器、チーズ用プレートからチーズに合うワインまで、とにかくチーズにまつわる商品ならなんでも揃います! 気になるチーズはまず味見させてもらって購入。パンやフルーツも調達し、近くのセント・ジェームズ・パークで公園ランチもいいものです。

常連客が多いことでも知られる当店は、場所柄、英国紳士の姿を見かけることが多い。

45

93 Jermyn Street, SW1Y 6JE
電話：020 7930 0259
地下鉄：Piccadilly Circus ●●
営業日：月〜土 9:00〜18:00
定休日：日、祝
www.paxtonandwhitfield.co.uk

A **Wild Honey**
ワイルド・ハニー

ミシュラン1つ星モダン・ヨーロピアン

セット・メニューでも手を抜かない高級店はプレ・
シアター（3コース£21.95 平日 18−19時）と平日
のランチ・セットがお値打ちで満足。

住所：12 St George Street, W1S 2FB
電話：020 7758 9160
営：ランチ 毎日 12:00−14:30（日は15:00まで）、
ディナー 18:00−22:30　無休

A **El Pirata**
エル・ピラータ

イカスミご飯がおすすめのタパス処

スタッフが元気に動き回る地元民に大人気のスパ
ニッシュ・タパス屋さん。大きなパエリアよりも小さ
なタパスを多めにとるのがおすすめ。日本大使館に
近いので日本人の姿も多い。

住所：5-6 Down Street, W1J 7AQ
電話：020 7491 3810
営：月−金 12:00−23:30、土 18:00−23:30　休：日祝

A **Tibits**
ティビッツ

旅行中の野菜不足はここで解消

セルフ・ケータリング形式が手軽でうれしい野菜
料理専門の店。といっても、内装は通常のレストラン
と変わらない落ち着いた雰囲気。料理はすべて
量り売りで、気兼ねなく長居できるのも魅力。

住所：12-14 Heddon Street, W1B 4DA
電話：020 7758 4110　営：月−水 9:00−23:00、
木−土 9:00−24:00、日 11:30−22:30　無休

A **Napket**
ナプケット

雰囲気は抜群、お値段はリーズナブル

食事に時間をかけたくないけれどクオリティは妥協
したくない、そんな思いに応えてくれるカフェ。サラ
ダ、サンドイッチ、フルーツ・ジュースにコーヒーや
ケーキまで、スタンダード以上をクリア。

住所：6 Brook Street, W1S 1BB
電話：020 7495 8562
営：月−金 8:00−19:00、土 10:00−19:00　休：日

A **HR Higgins**
エイチ・アール・ヒギンズ

女王陛下も召し上がるコーヒーはいかが

英国王室御用達の老舗コーヒー＆紅茶専門店。創
業者の孫が切り盛りする小さな店内には世界中か
ら取り寄せた商品がひしめく。独自のロースト法に
よる挽きたてコーヒーを楽しめる地階カフェは必訪。

住所：79 Duke Street, W1K 5AS
電話：020 7629 3913
営：月−金 9:30−18:00、土 10:00−18:00　休：日

A **Nicole Farhi Home**
ニコル・ファリ・ホーム

センスのよいインテリア雑貨を探すなら

モダンでシックなデザインで知られる英ファッショ
ン・ブランドが提案する、大人のためのインテリア
雑貨。ニコル・ファリ本人がセレクトした品々には彼
女のファッション哲学がうかがえる。

住所：17 Clifford Street, W1S 3RQ
電話：020 7494 9051
営：月−土 10:00−18:00（木は19:00まで）　休：日祝

A **The Royal Arcade**
ザ・ロイヤル・アーケード

ヴィクトリア時代のアーケード

1879年に作られたエレガントなショッピング・アー
ケードには、デリケートな味わいに定評あるチョコ
レート店、シャボネル・エ・ウォーカーを含む12店
舗が勢揃い。そぞろ歩きにぴったり。

住所：28 Old Bond Street, W1S
営：店舗によって異なる
www.mayfair.org.uk/shopping/royal-arcade

B **The O'Shea Gallery**
ジ・オシェア・ギャラリー

英国の漫画イラストをたっぷり鑑賞

英国らしいユーモアあふれるタッチが人気を呼んで
いる漫画家アニー・テンペストのオリジナル・イラ
ストや関連グッズを扱うギャラリー。イラスト入りの
マグ・カップなどはおみやげとしても最適。

住所：4 St James's Street, SW1A 1EF
電話：020 7930 5880
営：月−金 9:30−18:00、土 10:00−16:00　休：日祝

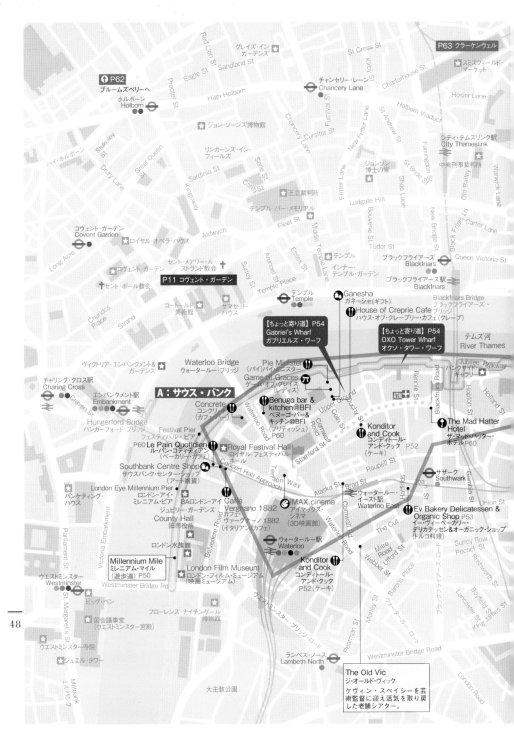

P63 クラーケンウェル

スミスフィールド・マーケット

Red Lion St
Sandland St
St Cross St
Kirby St
Charterhouse St
Hosier Lane

グレイズ・イン・ガーデンズ

チャンセリー・レーン駅
Chancery Lane
St Andrew St
Holborn Viaduct

St Cross St

P62
ブルームズベリーへ
ホルボーン
Holborn

High Holborn
Eagle St
Procter St
Furnival St

ジョン・ソーンズ博物館

シティ・テムズリンク駅
City Thameslink

中央刑事裁判所

リンカーンズ・イン・フィールズ

Great Queen St
Drury Lane
Kingsway
Serle St
Carey St
Sardinia St
Chancery Lane
Cursitor St
New Fetter Lane
Fetter Lane
Shoe Lane
St Bride St
Old Bailey St
New Bridge St
Carter Lane
Warwick Lane

ハイ・ホルボーン

ジョンソン博士の家

コヴェント・ガーデン
Covent Garden

ロイヤル・オペラ・ハウス

Long Acre

コヴェント・ガーデン
Covent Garden

セント・メアリー・ル・ストランド教会

王立裁判所

テンプル・バー・メモリアル

Ludgate Hill
Fleet St
Tudor St
Bouverie St

ブラックフライアーズ
Blackfriars

Queen Victoria St

セント・ポール教会

【P11 コヴェント・ガーデン】

Aldwych
Temple Place
Surrey St
Arundel St
Essex St
Middle Temple Lane
Inner Temple Lane

テンプル
Temple

インナー・テンプル・ガーデン

ブラックフライアーズ駅
Blackfriars

Blackfriars Bridge
ブラックフライアーズ・ブリッジ

コートールド美術館

サマセット・ハウス

Strand
Chandos Place

テンプル
Temple

Ganesha
ガネーシャ(ギフト)

House of Creprie Cafe
ハウス・オブ・クレープリー・カフェ(クレープ)

ヴィクトリア・エンバンクメント&ガーデンズ

Waterloo Bridge
ウォータール―・ブリッジ

【ちょっと寄り道】P54
Gabriel's Wharf
ガブリエルズ・ワーフ

【ちょっと寄り道】P54
OXO Tower Wharf
オクソ・タワー・ワーフ

テムズ河
River Thames

Jubilee Walkway

バンクサイド・ギャラリー

Pie Minister
(パイ)パイ・ミニスター

Rennie St
Blackfriars Road
Hopton St
Holland St

チャリング・クロス駅
Charing Cross

エンバンクメント駅
Embankment

Craven St

A：サウス・バンク

Game of Graces
ゲーム・オブ・グレイス(レディス)

Benugo bar & kitchen@BFI
ベヌーゴ・バー&キッチ@BFI
(ブリティッシュ)

ATM

The Mad Hatter Hotel
ザ・マッドハッター・ホテルP60

Hungerford Bridge
ハンガーフォード・ブリッジ

Festival Pier
フェスティバル・ピア

Concrete
コンクリート(カフェ)

Waterloo Rd
Upper Cam St
Concert Hall Approach
Tenison Way
Stamford St
Cornwall Rd
Brad St
Konditor and Cook
コンディトール・アンド・クック(ケーキ) P52

P60 Le Pain Quotidien
ル・パン・コティディアン(ベーカリー・カフェ)

Royal Festival Hall
ロイヤル・フェスティバル・ホール

サザーク
Southwark

Southbank Centre Shop
サウスバンク・センター・ショップ(アート雑貨)

London Eye Millennium Pier
ロンドン・アイ・ミレニアム・ピア

Caffe Vergnano 1882
カフェ・ヴァーグナーノ 1882(イタリアンカフェ)

IMAX cinema
アイマックス・シネマ(3D映画館)

ウォータール―・イースト駅
Waterloo East

Ev Bakery Delicatessen & Organic Shop P53
イ―・ヴィ―・ベーカリー・デリカテッセン&オーガニック・ショップ(トルコ料理)

バンケティング・ハウス

County Hall
旧市役所

ジュビリー・ガーデンズ

BAロンドン・アイ

ウォータール―駅
Waterloo

The Cut
Alaska St
Roupell St
Hatfields
Gambia St
Union St
Surrey Row
Pocock St

ウエストミンスター
Westminster

ロンドン水族館

Millennium Mile
ミレニアム・マイル(遊歩道)P50

London Film Museum
ロンドン・フィルム・ミュージアム(映画ミュージアム)

Konditor and Cook
コンディトール・アンド・クック P52(ケーキ)

Mitre Road
Webber Row
Ufford St
Baylis Road
Morley St
Barons Place
Lancaster St
King James St
Boyfield St

ビッグ・ベン

国会議事堂(ウエストミンスター宮殿)

フローレンス・ナイチンゲール博物館

Westminster Bridge Rd

ウエストミンスター寺院

ジュエル・タワー

大主教公園

ランベス・ノース
Lambeth North

Westminster Bridge Road

Pearman St
Hercules Rd

The Old Vic
ジ・オールド・ヴィック
ケヴィン・スペイシーを芸術監督に迎え活気を取り戻した老舗シアター。

London Road

テムズ河沿いで英国の新旧を感じて

South Bank &
London Bridge

サウス・バンク&ロンドン・ブリッジ

テムズ河は古くは交易の中心として、物品から移民まで、外からの文化を受け入れたロンドンの玄関口でした。河にかかる最古の橋、ロンドン・ブリッジや中世そのままのロンドン塔が立つその先に、ロンドン・アイやミレニアム・ブリッジなど21世紀の顔が。遠い過去と現在をつなぐテムズの周辺は、見どころにあふれています。

{ 主な観光スポット }

国会議事堂（ビッグ・ベン）

ウェストミンスター寺院／セント・ポール大聖堂

ロンドン塔／タワー・ブリッジ

BA ロンドン・アイ

サウスバンク・センター／テート・モダン

ロンドン水族館

シェイクスピア・グローブ座

バラ・マーケット

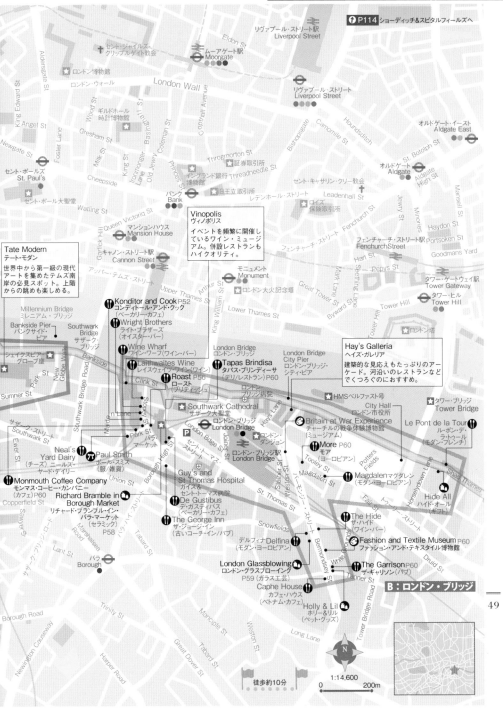

P114 ショーディッチ＆スピタルフィールズへ

リヴァプール・ストリート駅
Liverpool Street

ムーアゲート駅
Moorgate

セント・ジャイルズ・
クリップゲイト教会

ロンドン博物館

London Wall
ロンドン・ウォール

ギルドホール
時計博物館

リヴァプール・ストリート
Liverpool Street

Houndsditch

オルドゲート・イースト
Aldgate East

セント・ポールズ
St. Paul's

証券取引所

イングランド銀行
博物館

旧王立取引所

オルドゲート
Aldgate

セント・ポール大聖堂

Threadneedle St

レデンホール・ストリート
Leadenhall St

セント・キャサリン・クリー教会

バンク
Bank

ロイズ
保険取引所

フェンチャーチ・ストリート駅
FenchurchStreet

マンションハウス駅
Mansion House

Vinopolis
ヴィノポリス
イベントを頻繁に開催し
ているワイン・ミュージ
アム。併設レストランも
ハイクオリティ。

モニュメント
Monument

タワー・ゲートウェイ駅
Tower Gateway

キャノン・ストリート駅
Cannon Street

ロンドン大火記念塔

タワー・ヒル
Tower Hill

Tate Modern
テート・モダン
世界中から第一級の現代
アートを集めたテムズ南
岸の必見スポット。上階
からの眺めも楽しめる。

Millennium Bridge
ミレニアム・ブリッジ

Bankside Pier
バンクサイド・
ピア

Konditor and Cook P52
コンディトール・アンド・クック
（ベーカリー・カフェ）

Southwark
Bridge
サザーク・
ブリッジ

Wright Brothers
ライト・ブラザーズ
（オイスター・バー）

ロンドン塔

ロンドン塔

Hay's Galleria
ヘイズ・ガレリア
建築的な見応えもたっぷりのアー
ケード。河沿いのレストランなど
でくつろぐのにおすすめ。

シェイクスピア・
グローブ座

New Globe Walk

Wine Wharf
ワイン・ウォーフ（ワイン・バー）

London Bridge
ロンドン・ブリッジ

London Bridge
City Pier
ロンドン・ブリッジ・
シティ・ピア

Sumner St

Laithwaites Wine
レイスウェイツ・ワイン（ワイン）

Tapas Brindisa
タパス・ブリンディーサ
（デリ/レストラン）P60

HMSベルファスト号

City Hall
ロンドン市役所

タワー・ブリッジ
Tower Bridge

Roast P56
ロースト
（ブリティッシュ）

サザーク・
ストリート
Southwark St

Southwark Cathedral
サザーク大聖堂

ロンドン・ブリッジ
London Bridge

Britain at War Experience
チャーチルの戦争体験博物館
（ミュージアム）

Le Pont de la Tour
ル・ポン・デ・
ラ・トゥール
（モダン・フレンチ）

Ewer St

ロンドン・
ダンジョン

More P60
モア
（ヨーロピアン）

**Neal's
Yard Dairy**
（チーズ）ニールズ・
ヤード・デイリー

Paul Smith
ポール・スミス
（服/雑貨）

セント・トーマス・
ストリート

ロンドン・ブリッジ駅
London Bridge

Tooley St

Magdalen マグダレン
（モダン・ヨーロピアン）

Hide All
ハイド・オール
（ギフト）

Monmouth Coffee Company
モンマス・コーヒー・カンパニー
（カフェ）P60

**Guy's and
St Thomas Hospital**
ガイス・アンド・
セント・トーマス病院

**Richard Bramble in
Borough Market**
リチャード・ブランブル・イン・
バラ・マーケット
（セラミック）
P58

De Gustibus
デ・ガスティバス
（ベーカリー・カフェ）

The Hide
ザ・ハイド
（ワイン・バー）

Borough

The George Inn
ザ・ジョージ・イン
（古いコーチ・イン/パブ）

デルフィナ Delfina
（モダン・ヨーロピアン）

Fashion and Textile Museum P60
ファッション・アンド・テキスタイル博物館

London Glassblowing
ロンドン・グラスブローイング
P59（ガラス工芸）

The Garrison P60
ザ・ギャリソン（パブ）

バラ
Borough

Caphe House
カフェ・ハウス
（ベトナム・カフェ）

Holly & Lil
ホリー＆リル
（ペット・グッズ）

B：ロンドン・ブリッジ

徒歩約10分

1:14,600
0   200m

N

宝石箱をひっくり返したような
リバーサイド・ビュー

"That's London"という光景が感動的なこのエリア。お天気のいい日はベンチに腰掛けて、目の前に広がる景色と行き交う人々を眺めているだけで幸せな気分に。一方で、体験してこそ楽しめる無類のカルチャー・ゾーンでもあります。世界的な興行作品が集まるサウスバンク・センターで興味あるプログラムを見つけたら、あきらめずにチケットの有無を聞いてみて。

新旧カルチャーの見どころが並ぶ究極の遊歩道

Millennium Mile

ミレニアム・マイル

ビッグ・ベン、ロンドン・アイ、セント・ポール大聖堂、テート・モダン、ミレニアム・ブリッジ、タワー・ブリッジなど、代表的な名所がショーケースのようにきらびやかに並ぶテムズ河沿いは、時間が許せばぜひトライしてほしいウォーキング・コースです。西の旧市役所から東のバトラーズ・ワーフまで、遊歩道が完備されているテムズの南岸はミレニアム・マイルと呼ばれ、対岸の風景も一緒に楽しめる絶好の散歩道。スタート地点はウエストミンスター駅を出てすぐのジュビリーガーデンズ内にあるロンドン・アイ。30分たっぷりロンドンの大パノラマを楽しんだら、エンターテインメントの中枢、サウスバンク・センターへ向けて北へ歩き出しましょう。その後はアンテナを張り巡らせ、東、そのまた東へ!

50

地下鉄:Westminster ●●●
Waterloo●●● / Embankment ●●●●
Southwark ● / London Bridge ●●
サウス・バンク
www.southbanklondon.com
BAロンドン・アイ
www.londoneye.com
サウスバンク・センター
www.southbankcentre.co.uk
テート・モダン
www.tate.org.uk
シェイクスピア・グローブ座
www.shakespeares-globe.org

A

タワー・ブリッジはぜひ見ておきたいロンドン観光のハイライト。

古い倉庫群を改装してできたバトラーズ・ワーフは、テムズ河岸のすぐ裏手に。

ボリュームたっぷりのストロベリー・メレンゲ・ケーキ。

素朴に見えるケーキ類のお味はかなり繊細。

どっしり濃厚な焼き菓子がスイーツ好きをとりこに

Konditor and Cook 🍴

コンディトール・アンド・クック

ふわふわで軽ーいお菓子が好きな人は入店御法度。ドイツ語で「パティシエと料理人」という名のこのお店には、有機卵と天然バターをたっぷり使ったドイツ風のリッチで食べごたえあるお菓子がたくさん並びます。ギネス入りダーク・チョコのスポンジにアイリッシュ・クリームのフロスティングがのったカップケーキ、ストロベリー・ケーキの上にさらにメレンゲをのせた2段重ねケーキなど特徴あるスイーツに気を取られがちですが、このお店の目玉はカラフルなアイシングが目をひく小さなキューブ形の「マジック・ケーキ」。その名のごとく魔法のように好みのデコレーションを施せるので、プレゼントにもぴったり。そのほかサンドイッチや惣菜の持ち帰りも人気です。P48-49の地図内に3店舗あり。

カラフルなマジック・ケーキはおもちゃみたいだけれど味は本格派。新アイデアも続々登場。

22 Cornwall Road, SE1 8TW
電話：020 7261 0456
地下鉄：Waterloo ●●●●
営業日：月ー金 7:30－18:30、
土 8:30－15:00　定休日：無休
www.konditorandcook.com
他店舗：63 Stamford Street, SE1 9NB、
10 Stoney Street, SE1 9ADほか

A

庭のテーブルはランチ時ともなると大にぎわい。

ヘルシーな惣菜類の盛り合わせは、これで£5くらい。

緑あふれるペーブメントが目印のトルコ料理

Ev Bakery Delicatessen & Organic Shop 🍴

イー・ヴィー・ベーカリー・デリカテッセン＆オーガニック・ショップ

豆や野菜を多用したヘルシーなメゼ（前菜）や香ばしいグリルで知られるトルコ料理は、ロンドンでも人気食のひとつ。大通りからちょっと奥まったところにある、緑色の舗装道路（ペーブメント）に面したEvは、「秘密の花園」めいた趣さえ漂うセルフ・ケータリング形式のトルコ・デリ・カフェです。カウンターにあるケースの中にはお米料理や多彩な惣菜がたっぷりと用意されており、好きなものを数種選んでお皿に盛りつけてもらいます。食事についてくるパンはサービス。その他、トルコ風ピザやケーキ、ナッツをふんだんに練り込んだ甘いバクラヴァなど、軽食やスイーツも充実。1日中気軽に利用できるので、知っていると便利です。本格的にトルコ料理を楽しみたい人にはお隣のレストランがおすすめ。

店内にはクオリティの高い食材がぎっしり並ぶ。

The Arches, 97-99 Isabella Street,
SE1 8DA
電話：020 7620 6191
地下鉄：Waterloo ●●●● / Southwark ●
営業日：月－土 12:00－23:30、
日・祝 12:00－22:00　定休日：無休
www.tasrestaurant.com/ev_bakery/
index.htm

53

サウス・バンクでクラフト・ウォーク

良質のクラフト作品を扱うショップが集まる、工芸好きにはたまらないサウス・バンク。
一期一会の旅の思い出を見つけ出してください。

OXO Tower Wharf Bargehouse Street, SE1
オクソ・タワー・ワーフ

英国を代表するデザイン・スタジオが詰まったビル。眼下のガブリエルズ・ワーフにもショップがたくさん。

\ その1 /

The Wheel
ザ・ホイール（セラミック）

ギリシャ生まれのセラミック・アーティスト、ソーティス・フィピデスさんが英国の陶器の里、ストーク・オン・トレントの土に惚れ込んで創り上げた作品は、手に取るだけで温かみが伝わってきます。日本の焼き物とは微妙に違うフォルムや風合いも興味深く、つい長居してしまうお店。

Unit 1.17　電話: 07733 151 276
営業日: 火–日 11:00–18:00　休: 月　www.sotis.co.uk

\その 2 /

Michèle Oberdieck 🕅
ミシェル・オバーディエク（テキスタイル）

自然界からインスピレーションを得た美しい有機パ
ターンが特徴的なミシェルさんのデザインは、ファッ
ション・アイテムにとどまらず、インテリア・デザイン
にまで生かされています。前合わせ方式のラップ・ド
レスは日本人女性の身体にもフィットしそう。

Unit 1.04　電話：020 7261 1414
営業日：火−土 12:00−18:00　休：日、月
www.micheleoberdieck.co.uk

\その 3 /

🏠 Bodo Sperlein
ボードー・スペリン（セラミック）

エレガントなラインとひとクセあるディテールが目
をひく作品は、ロンドンで活躍するドイツ人デザイ
ナー、ボードーさんによるもの。リヤドロやスワロフ
スキーなど老舗ブランドとのコラボでも知られる実
力派の作品は和風シンプルにも通じ、日本の家にも
必ずマッチするはず。

Unit 1.05　電話：020 7633 9413　営業日：月−金
10:00−18:00、土 12:00−17:00　休：日
www.bodosperlein.com

\その 4 /

Studio Fusion Gallery 🕅
スタジオ・フュージョン・ギャラリー（ジュエリー）

エナメルをあしらったクラフト・ジュエリーの専門店と
して、OXOタワーのオープン時から入っている息の長
いスタジオ。現在はエナメルに限らず6人の女性オー
ナー・アーティストによる作品を随時入れ替え展示す
るとともに、ゲスト作家による作品も扱っています。

Unit 1.06　電話：020 7928 3600
営業日：毎日 11:00−18:00（日は17:00まで）　無休
www.studiofusiongallery.co.uk

55

Le Marché du Quartier

市井の人びとが通う ロンドンの胃袋

ロンドン・ブリッジを含むバラ地区は、シェイクスピアがグローブ座でたくさんの戯曲を発表した地であり、ディケンズの作品にも繰り返し登場する庶民のエリアとして知られます。貧しい人々が細々と暮らしていた頃の面影も残るものの、今やロンドン一のガストロ市場、バラ・マーケットを中心にファッショナブルなレストランやバーがひしめくおしゃれエリアへと様変わりしました。

ロンドン一の食市場の中心で食べるベスト・ロースト

Roast 🍴

ロースト

「イギリスってほんとにおいしいの？」という疑問をまだ抱いている方に、ぜひ試していただきたいお店がここ。英国伝統の料理を、最高の食材を使ってベストな調理法で食べさせてくれる「ロースト」は、いわばバラ・マーケットの申し子のような存在。もともとフラワー・マーケットだった歴史ある建物を改装したレストランは天井が高く、採光のよい開放的なスペースであることに加えて、マーケットを見下ろす好ロケーションが多くの人々を惹き付けています。

早朝のマーケット巡りの後に「ロンドンのベスト・ブレックファスト」との呼び声高い朝食をとるのもよし、本格的なロースト・ディナーを試すもよし。食通も絶賛のレストランで、英国料理の実力を見極めてみてはいかがでしょうか。

3コースのセット・ランチのメイン「鴨のコンフィ」とデザートの「クイーン・オブ・プディング」。

The Floral Hall, Stoney Street, SE1 1TL
電話：0845 034 7300
地下鉄：London Bridge ●●
営業日：月―金 7:00―11:00/12:00―15:45（月・火は14:45まで）/17:30―22:30、土 8:00―11:30/12:15―15:45/18:00―22:30、日 11:30―18:00
定休日：無休
予算：フル・イングリッシュ・ブレックファスト £15、3コース・セット・ランチ £26、アラカルトのメイン £16.50～
www.roast-restaurant.com

モダンで開放的な空間で食べる英国伝統のロースト料理は格別。

3コース・セット・ランチの前菜、ゴールデン・ビートルートとミニ・モッツァレラのサラダ。

豊富な種類の中から、好きな食材を選んでみては。　　　　食品ストールが多いバラ・マーケットの中にひっそりと存在。

Richard Bramble in Borough Market

リチャード・ブランブル・イン・バラ・マーケット

タイにヒラメ、マスにスズキ、シャケ、イカ、カニ、ときにはニ
ワトリやジャージー牛も……。海の幸を中心にさまざまな
食材がオールスターで登場するのはテーブルの上ならぬ皿
の中。英国人セラミック・アーティストで画家のリチャード・
ブランブルさんは、イングランド西部の海辺の街に工房を
かまえ、豊富な題材をせっせと絵にしています。リチャード
さんの手によってお皿の中に生き生きと、そしておいしそう
に (!?) 描かれた食材たちは、それでもみな幸福そうに見え
るから不思議です。作品はバラ・マーケットのストール以外
でも見かけるかもしれませんが、ランチョン・マットやエプ
ロン、コースター、絵ハガキから直筆ドローイングまで、さま
ざまな種類を網羅しているのはここだけです。

鍋敷き、まな板、チー
ズ・プレートなど、マ
ルチな用途で使える
ボードは£20。その
ほかにもたくさんの
商品が並ぶ。

58

The Green Market, The Borough
Market, SE1
地下鉄：London Bridge ●●
営業日：木 10:30−16:45、金 10:30−
17:45、土 8:45−16:30 定休日：日−水
www.richardbramble.co.uk

ガラス独特の美しさが際立つ作品たち。

ガラス・アートの魅力を存分に味わえる工房＆ギャラリー

London Glassblowing

ロンドン・グラスブローイング

キラキラとした透明感と独特の静けさ——。英国のトップ・ガラス・アーティスト、ピーター・レイトンさんが主宰するガラス工房＆ギャラリーでは、そんなガラス作品の魅力を100%感じられそう。手前のギャラリーにはピーターさんをはじめレジデント・アーティストたちによる大小のガラス作品が美しく陳列され、壁際の棚にもバラエティに富んだ作品がぎっしり。ギャラリーとはいえ作品数は申し分ないので、自分のセンスに訴えてくる作品に出会う確率は大。お値段も数十ポンドのものから数百ポンド、千ポンド以上までと幅広く、予算に合わせて選べるのも魅力です。ギャラリーの奥には窯を設置したワークショップがあり、実際に作品を創っているところを見学できます。

ギャラリー奥の工房では、数人のアーティストが熱い炎をあやつり、作品作りにいそしんでいる。

62-66 Bermondsey Street, SE1 3UD
電話：020 7403 2800
地下鉄：London Bridge ●●
営業日：月～土 11:00－17:00
定休日：日
www.londonglassblowing.co.uk

59

A　🍴 **Benugo bar & kitchen@BFI**
ベヌーゴ・バー＆キッチン@ BFI

くつろげるカルチャー・ラウンジ

サンドイッチ・チェーンの中でも質、味ともに抜きん出ているベヌーゴによるレストラン・バーはBFI（英国映画協会）の中に。英国料理にモダンなひねりを加えたメニューとビールを気軽に楽しめる。

住所：Belvedere Road, SE1 8XT
電話：020 7401 9000
営：毎日 10:00−23:00（日は21:30まで）　無休

A　🔑 **The Mad Hatter Hotel**
ザ・マッド・ハッター・ホテル

もと帽子工場がホテルに

テムズ河沿いのアトラクションまで歩いてすぐのプチ・ホテル。部屋は清潔で居心地よく、ロンドンにしては少し広めなのがいい。

住所：3-7 Stamford Street, SE1 9NY
電話：020 7401 9222
平日：1部屋1泊 £130〜　週末：1部屋1泊 £115〜
www.fullershotels.com/rte.asp?id=15

B　🍴 **More**
モア

「もっと！」に応える小さなデリ

ランチ時は工夫をこらしたサンドイッチやサラダの持ち帰り客でごった返し、夜もすぐに満席になるオープン・キッチンの小さなお店。19時までの2コース・ディナー（£12.50）はおすすめ。

住所：104 Tooley Street, SE1 2TH
電話：020 7240 6926　営：月−金 7:30−23:00、
土 9:30−23:00、日祝 10:00−20:30

B　🍴 **Monmouth Coffee Company**
モンマス・コーヒー・カンパニー

コーヒー好きロンドナーの聖地

ロンドンでちょっと気の利いたカフェならモンマス・コーヒーの豆を使っているのが当たり前、というくらい有名な老舗の自社カフェ。本店はコヴェント・ガーデンのモンマス・ストリートに。

住所：2 Park Street, SE1 9AB
電話：020 7232 3010（事務所）
営：月−土 7:30−18:00　休：日祝

A　🍴 **Le Pain Quotidien**
ル・パン・コティディアン

朝昼夜OKのベーカリー・カフェ

ベルギー発の大人気オーガニック・ベーカリー・カフェ。フルーツ・サラダとパン、ケーキとお茶、チーズとワイン、どんな要望にもマルチにフィット。

住所：Upper Festival Walk, Belvedere Road, SE1 8XX
電話：020 7486 6154
営：月−金 7:30−23:00、土 8:00−23:00、
日祝 9:00−22:00　無休

B　🍴 **Tapas Brindisa**
タパス・ブリンディーサ

行列覚悟のタパス屋さん

ロンドン在住スペイン人の支持ナンバーワンのスパニッシュ・タパス処。予約は一切受け付けていないカジュアルな人気店なので、満席の場合でも席が空くまで待ってみよう。

住所：18-20 Southwark Street, SE1 1TJ
電話：020 7357 8880　営：月−木 11:00−15:00/
17:00−23:00、金土 9:00−23:00、日祝 11:00−22:00

B　🍴 **The Garrison**
ザ・ギャリソン

味は折り紙付きのガストロ・パブ

バーモンジー・ストリート界隈に住むおしゃれな地元っ子たちがくつろぐガストロ・パブ。いつまでも飲んでいたい居心地のよさが魅力。

住所：99-101 Bermondsey Street, SE1 3XB
電話：020 7089 9355　営：月−金 8:00−11:30/
12:00−15:30/18:30−22:00、土日 9:00−11:30/
12:30−16:00/18:30−22:00（日は18:00−21:30）無休

B　🎨 **Fashion and Textile Museum**
ファッション・アンド・テキスタイル博物館

ザンドラ・ローズの哲学が花開く

ピンクとオレンジのファサードが目をひく建物の中では現代ファッションをめぐるさまざまな企画展を開催。学生、業界人、一般人、誰でも楽しめる。

住所：83 Bermondsey Street, SE1 3XF
電話：020 7407 8664
開：水−日 11:00−18:00（最終入場 17:15）
閉：月火　カフェは毎日8:00−18:00

文士とシェフが出会う場所

Bloomsbury & Clerkenwell

ブルームズベリー＆クラーケンウェル

中心部北のハブ駅、キングス・クロス駅の南に広がるのが
大英博物館を擁するブルームズベリー。東隣には食肉市
場スミスフィールドを中心にグルメな店が集中するクラー
ケンウェルがあります。ここはクリエイティブ系オフィス
がどんどん増え、ファッショナブルなエリアとしても急成
長中。歩けば歩くだけ発見がありそうです。

{ 主な観光スポット }

大英博物館

大英図書館

セント・パンクラス・インターナショナル駅

ディケンズ・ハウス博物館

バービカン・センター

ハットン・ガーデン（ジュエリー街）

スミスフィールド・マーケット（食肉市場）

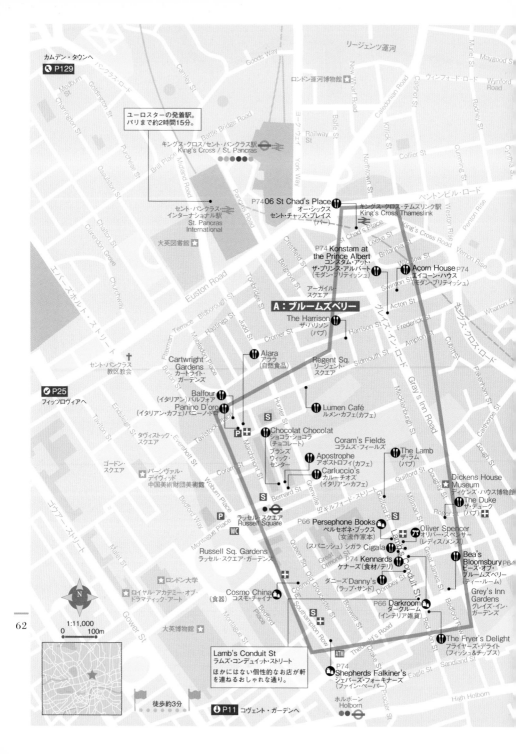

カムデン・タウンへ
P129

ユーロスターの発着駅。
パリまで約2時間15分。

キングス・クロス/セント・パンクラス駅
King's Cross / St. Pancras

ロンドン運河博物館

セント・パンクラス・
インターナショナル駅
St. Pancras
International

大英図書館

P74 06 St Chad's Place
オー・シックス
セント・チャッズ・プレイス
（バー）

キングス・クロス・テムズリンク駅
King's Cross Thameslink

P74 Konstam at
the Prince Albert
コンスタム・アット・
ザ・プリンス・アルバート
（モダン・ブリティッシュ）

Acorn House P74
エイコーン・ハウス
（モダン・ブリティッシュ）

A：ブルームズベリー

The Harrison
ザ・ハリソン
（パブ）

Alara
アララ
（自然食品）

Regent Sq.
リージェント・
スクエア

セント・パンクラス
教区教会

P25
フィッツロヴィアへ

Cartwright
Gardens
カートライト・
ガーデンズ

Balfour
（イタリアン）バルフォア
Panino D'oro
（イタリアン・カフェ）パニーノ・ドーロ

Lumen Café
ルメン・カフェ（カフェ）

Chocolat Chocolat
ショコラ・ショコラ
（チョコレート）
ブランズ
ウィック・
センター

Coram's Fields
コラムズ・フィールズ

Apostrophe
アポストロフィ（カフェ）

The Lamb
ザ・ラム
（パブ）

Carluccio's
カルチオズ
（イタリアン・カフェ）

タヴィストック・
スクエア

ゴードン・
スクエア

パーシヴァル・
デイヴィッド
中国美術財団美術館

Dickens House
Museum
ディケンズ・ハウス博物館

The Duke
ザ・デューク
（パブ）

Russell Sq.
Russell Square
ラッセル・スクエア

Persephone Books P66
ベルセポネ・ブックス
（女流作家本）

シガラ Cigala
（スパニッシュ）シガラ

Oliver Spencer
オリバー・スペンサー
（レディス/メンズ）

Russell Sq. Gardens
ラッセル・スクエア・ガーデンズ

P74 Kennards
ケナーズ（食材/デリ）

Bea's
Bloomsbury P64
ビーズ・オブ・
ブルームズベリー
（ティー・ルーム）

ロンドン大学

ロイヤル・アカデミー・オブ・
ドラマティック・アート

ダニーズ Danny's
（ラップ・サンド）

Cosmo China
（食器）コスモ・チャイナ

Grey's Inn
Gardens
グレイズ・イン・
ガーデンズ

P66 Darkroom
ダークルーム
（インテリア雑貨）

大英博物館

The Fryer's Delight
フライヤーズ・デライト
（フィッシュ＆チップス）

Lamb's Conduit St
ラムズ・コンデュイット・ストリート
ほかにはない個性的なお店が軒
を連ねるおしゃれな通り。

P74
Shepherds Falkiner's
シェパーズ・フォーキナーズ
（ファイン・ペーパー）

ホルボーン
Holborn

1:11,000
0　　100m

N

徒歩約3分

P11 コヴェント・ガーデンへ

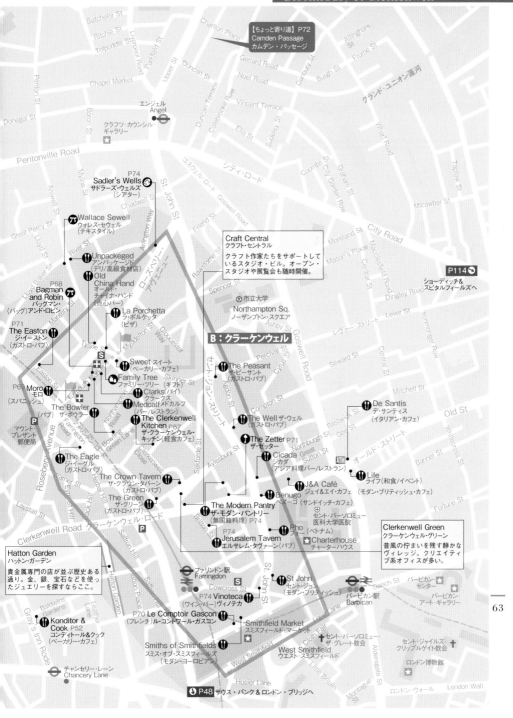

アカデミックな空気を
まとって歩く文芸タウン

ユーロスターの発着駅、セント・パンクラス・インターナショナル駅から少し南へ下ると、かつて作家や文化人たちが活動の拠点としたことで知られるブルームズベリーに出ます。エリア南端には大英博物館が横たわり、ロンドン大学関係の機関も多く、学生たちが行き交う通りはどこかアカデミック。おしゃれなショップが集まるラムズ・コンデュイット通り界隈もぜひ歩いてみたいエリアです。

お菓子好きたちの圧倒的支持を集めるティー・ルーム

Bea's of Bloomsbury

ビーズ・オブ・ブルームズベリー

オフィス・ビルが建ち並ぶ大通り沿いにこつ然と現れ、オアシスのように行き交う人々を吸い込んでいるお店は、タウン誌の「ベスト・ティー・ルーム」にも選ばれた実力派。奥のオープン・キッチンでオーナー・パティシエのビーさん率いるチームが良質の素材を使ったお菓子を毎日焼いており、お店にはいつも甘い香りが充満しています。名物のカップ・ケーキは軽い口当たりですが、他のお菓子はリッチな味わいが身上。ランチ・タイムは惣菜を求める人たちが、午後は焼き菓子だけの「甘いアフタヌーン・ティー」（£9.90）やお茶を楽しむ人たちがひっきりなしにお店を訪れます。こだわりのお茶は今ロンドンで最も注目されているジン・ティーのものを使用。アフタヌーン・ティーの予約はオンラインで！

オフィス街を歩いているとひょっこり現れるスイーツ天国。かわいいディスプレイのショー・ウィンドウも要チェック。

44 Theobalds Road, WC1X 8NW
電話：020 7242 8330
地下鉄：Holborn ●● / ChanceryLane ●
営業日：月－金 8:00－19:00、
土 10:00－19:00、日 12:00－19:00
定休日：無休
予算：カップ・ケーキ £2.20、クリーム・ティー £6、アフタヌーン・ティー £9.90
www.beasofbloomsbury.com

Bloomsbury

A

インテリアはヴォーグ誌からも賞賛された。昔ながらのティールームの趣。

アフタヌーン・ティー・セットの甘い誘惑は人気セラミック・デザイナー、ティナ・ツァンのケーキ・スタンドの上に。

かわいいだけじゃ飽き足らない、シック・テイストなあなたに

Darkroom

ダークルーム

隔月で替わるアート展示を楽しめる新コンセプトのアク
セサリー＆インテリア雑貨ショップ。デザインとファッショ
ン、両業界出身という高感度な2人の女性オーナーがセレ
クトするのは、黒、白、黄、緑などシックでメリハリある色
遣いと凛とした佇まいが際立つちょっぴりマニッシュなア
イテムたち。不思議な存在感が魅力です。「かわいすぎる
ものが苦手」という方はぜひのぞいてみてください。

52 Lamb's Conduit Street, WC1N 3LL
電話：020 7831 7244
地下鉄：Russell Square ●
営業日：月－金 11:00－19:00、土 11:00－18:00
定休日：日
www.darkroomlondon.com

上：しっかりとしたコンセプトを持つ店だけにインテ
リアにもこだわりが。
左下：アフリカ文化を彷彿とさせるアクセサリー。

ヴァージニア・ウルフに出会える本屋さん

Persephone Books

ペルセポネ・ブックス

ギリシャ神話の女神の名前をいただく出版社兼本屋さん
が扱っているのは、主に1920～30年代に出版された女
流作家による作品の復刻本。表紙裏には初版発売当時
に流行していたカラフルな生地のパターンがあしらわれ
ており、プレゼントしたい相手の顔を思い浮かべながら
選ぶのが楽しそう。お店の奥で女性スタッフたちがせっ
せと本作りに励む、ブルームズベリーらしいお店です。

59 Lamb's Conduit Street, WC1N 3NB
電話：020 7242 9292　　地下鉄：Russell Square ●
営業日：月－金 10:00－18:00、土 12:00－17:00
定休日：日、祝
www.persephonebooks.co.uk

上：レトロな見返しが印象的な本たち。
左下：外観も店内も女性らしい気遣いにあふれる。
右下：ギフト用にはかわいらしくラッピングしてくれる。

一日中グルメな散歩を
満喫しよう

元祖ガストロ・パブ「The Eagle」をはじめ、おいしい料理を出す
パブやレストランの数が圧倒的に多いクラーケンウェル。食肉市場
のスミスフィールド・マーケットから新鮮な食材を調達できることも
その理由のひとつです。ヴィレッジ風のクラーケンウェル・グリーン
をゆっくり散歩し、おいしいものを食べて、夜はクラブではじけた
い！ そんな楽しみ方のできるエリアです。

肝っ玉母さん2人組が腕をふるうロンドンのモダン食堂

The Clerkenwell Kitchen 🍴
ザ・クラーケンウェル・キッチン

英国ではおなじみ、ドーセットにあるセレブ・シェフ主宰
の農場「リバー・コテージ」で働いた経験のあるエマさ
んと、「ラ・フロマージェリー」（P32）でヘッドシェフをし
ていたローラさんが開いたスマートなカフェ食堂。フレッ
シュなローカル食材が使われた日替わりのお皿6種と2種
のデザートは、素朴ながらも洗練された英国の味。それ
を手軽な値段で味わえるとあってリピーター続出です。

上：メインはすべて£10
前後とリーズナブル。
下：おしゃれなオフィス・
ビルの1階にあるお店
は、ランチ時にはクリエ
イティブ系ワーカーたち
でにぎわう。

67

27-31 Clerkenwell Close, EC1R 0AT
電話：020 7101 9959
地下鉄：Farringdon ●●●
営業日：月ー金 8:00−17:00（夏季のみ木は22:30まで）
定休日：土、日　予算：ランチ £10前後
www.theclerkenwellkitchen.co.uk

ヴィンテージの布を使ったペン・ケースは各£9。

ヴィンテージ・テキスタイルに新しい命を吹き込んで

Bagman and Robin

バッグマン・アンド・ロビン

デザイン・エンジニアだったミラノ出身のマルコさんと、アートを勉強したマレーシア人のケンさんの黄金コンビが10年もの間タッグを組んで成功させている小さなバッグ屋さん。イタリアのヴィンテージ生地や、日本の古い着物地や帯をあしらった手作りのバッグは、持っていると必ず「どこで買ったの?」と聞かれるほど個性的。柄も形も多種多様、革やエナメルを組み合わせたものもあり、日本で見かける古布のリメイク作品とは、ひと味もふた味も違う仕上がりです。そのほか柄布とカラー・レザーを組み合わせたベルトや、きれいな色のフェルト・スカーフ、さらにはドア・ストッパーまで、おふたりの布に対するクリエイティビティはどんなエリアにも存分に発揮されています。

個性的なバッグを探しているなら、ぜひこのお店へ。見ているだけで楽しくなる。

47 Exmouth Market, EC1R 4QL
電話:020 7833 8780
地下鉄:Farringdon ●●●
営業日:月一土 11:00－18:00
定休日:日
www.bagmanandrobin.com

たくさんあるテーブル席も、開店すると同時に埋まっていく。

短いパスタが魚介の旨味を吸ったフィデオス(パスタのパエリア)。

旅好きシェフが創造するエキゾチック・フレーバー

Moro

モロ

サフランとシナモンの刺激的な組み合わせがカギとなるムーア人たちの料理 (スペイン&北アフリカのイスラム文化圏の料理) は、日本でもなかなかお目にかかれないエキゾチックな味わい。食通でにぎわうエックスマウス・マーケットでも随一の人気レストラン「モロ」で食べられるのは、そんな新鮮な驚きに満ちたお皿の数々です。

オーナーシェフのご夫婦、サミュエルさんとサマンサさん (サム&サム) は、スペインやポルトガル、北アフリカから中東まで、食の旅を通して得たインスピレーションをもとに料理を考案し、最後にぱぱっとサム&サムだけの魔法をひとふり! ここでしか味わえないお料理ばかりですが、まずは手軽にタパスから始めてみてはいかがでしょうか。

ディナーは平日でも要予約。予約が難しい場合は早めの時間に足を運べばバー・カウンターでタパスをつまむことができるかも。

34-36 Exmouth Market, EC1R 4QE
電話:020 7833 8336
地下鉄:Farringdon ●●●
営業日:月ー土 ランチ 12:00-14:30/
ディナー 19:00-22:30/
タパス 12:00-22:30 定休日:日
予算:タパス £3.50〜、前菜 £6.50〜、
メイン£15.50〜
www.moro.co.uk

木をふんだんに使った落ち着けるインテリア。　　　　　　　　　　　　　ワイン・リストにはもちろん、充実のフレンチ銘柄がズラリ。

味 は 繊 細 、 だ け ど 気 軽 に 立 ち 寄 れ る フ レ ン チ ・ ビ ス ト ロ

Le Comptoir Gascon

ル・コントワール・ガスコン

ガチョウの羽根の色、ヴァイオレットを椅子の布に反映する
など、さすがはフォアグラ自慢のフレンチの名店、「クラブ・
ガスコン」のセカンドラインだけあります。もともとスミス
フィールド・マーケット用のトイレだったところを（！）素敵
なデリカテッセンに改装したのが5年前。その後、さらに改
装を重ねて現在のビストロ形式になりました。

南西フランス出身のミシュラン・スター・シェフ、パスカルさん
が認めたハイクオリティのフレンチ食材、ケーキやパンの並
ぶカジュアルな店内では、丁寧に仕上げられたフレンチ・ビ
ストロの味をリーズナブルに堪能できます。鴨系のお料理以
外でもハズレがなく、ランチとディナーの間においしいケー
キとお茶のティータイムができるところもおすすめの理由。

料理を見ただけでわ
かる丁寧な下ごしら
え。盛りつけも美し
い。

63 Charterhouse Street, EC1M 6HJ
電話：020 7608 0851
地下鉄：Farringdon ●●●
営業日：火~土 持ち帰り 9:00−19:00/
ランチ 12:00−14:00/ディナー19:00−
22:00（木・金は23:00まで）
※午後はお茶もできる
定休日：日、月
予算：前菜/軽食 £4～、
メイン £12.50～、ケーキ £2.15～
www.comptoirgascon.com

住宅地の一角にある、知る人ぞ知るガストロ・パブ

The Easton 🍴

ジ・イーストン

元DJのオーストラリア人シェフが中心となって、シンプル
だけれど味のバランスを考え抜いた料理を次々と生み出
しているアットホームなパブ。季節の食材を近隣から取
り寄せるのはガストロ・パブの定石ですが、ここはさら
に屋上ガーデンで育てた野菜を使うこだわりがあります。
地元のロンドナーたちにまざって英国らしい食事を楽し
むのにぴったりの場所です。

22 Easton Street, WC1X 0DS
電話：020 7278 7608　地下鉄：Farringdon ●●●
営業日：月−木 12:00−23:00、金 12:00−深夜、
日 12:00−22:30（食事は月−土 12:30−16:00/
月−木・土 18:30−22:00）　定休日：無休
予算：前菜 £5〜、メイン £9〜　www.theeastonpub.co.uk

大通りのローズベリー・アヴェニューからちょっと入っ
たところにある地元民のためのガストロ・パブ。気負
わない雰囲気が魅力。

細部にまでこだわりを見せるアーティなブティック・ホテル

The Zetter 🔑

ザ・ゼッター

ヴィクトリア時代の古い倉庫が、クラーケンウェルらしい
モダンでヒップな味付けのホテルに変身。全59室ある客
室はすべて白を基調に色彩を添えた個性あふれる装い
です。
レストラン業界出身のオーナーのこだわりは当然食事に
まで及び、最近改装した1階のレストランにミシュラン・ス
ター・シェフを迎えてフレンチ・ビストロをオープン。食通
の街に新旋風を巻き起こしているところです。

St John's Square, 86-88 Clerkenwell Road, EC1M 5RJ
電話：020 7324 4444　地下鉄：Farringdon ●●●
ダブル：週末 £180〜/平日 £211.50〜、
デラックス・ツイン：週末 £240/平日 £282
www.thezetter.com

上：快適にすごせる清潔でかわいいインテリア。
下：宿泊客は24時間いつでも人気レストランのハウ
ス・メニューを利用できる。

71

Camden Passage

カムデン・パッセージ

クラーケンウェルに行ったついでに足をのばしたいのが、エンジェル駅近くにある歴史あるアンティーク・マーケット、カムデン・パッセージです。行くならすべてのお店が開いている水曜日か土曜日がおすすめ。さまざまなジャンルで本格的なアンティーク店が並びますが、蚤の市あり、独立系ブティックあり、飲食店ありなので、アンティークに興味がなくてもロンドンらしい半日を過ごせます。

www.camdenpassageislington.co.uk

72

Loop
ループ（毛糸／ニット雑貨）

色とりどりの毛糸とニット製品を扱うとってもキュートな
ショップ。英国外からも輸入している毛糸のバラエティは
かなりのものですが、その他にもクラフト・ボタンや手芸
製品、契約作家によるユニークなクラフト作品も扱って
おり、ニッターならずとも楽しめる温かい空間です。わか
らないことは親切なスタッフに聞いてみて。

営業日：火ー土 11:00-18:00、日 12:00-17:00
定休日：月
www.loopknitting.com

Paul A Young
ポール・エイ・ヤング（チョコレート）

テレビでショコラティエとして活躍するポールさんがつく
るチョコレートは、トリュフでもチョコ・バーでも素材の力
強さを感じさせる豊かなフレーバーが特徴。イギリス名
物マーマイト入りのトリュフはおみやげに、70%カカオの
ブラック・チョコでつくるブラウニーは、その場で頬張り
たくなる評判のおいしさです。

営業日：火ー土 11:00-18:00（金は19:00まで）、
日 12:00-17:00　定休日：月、祝 www.paulayoung.co.uk
他店舗：143 Wardour Street, W1F 8WAほか

Susy Harper
スージー・ハーパー（レディス）

テキスタイルの風合いと、美しいラインを生み出すカッ
ティングにこだわる英国人デザイナー、ミッシェル・アン
スロウさんの唯一のブティック。細部まで丁寧に仕上げ
られたハンドメイドの洋服は、女性の身体に自然にフィッ
トするよう考えられた秀逸なスタイル。流行に左右されな
い一点ものの重みがあります。

営業日：火・水 11:00-18:00、木・金 11:00-19:00、
土 10:30-18:30、日 12:00-17:00　定休日：月
www.susyharper.co.uk

73

A　🍴 Acorn House
エイコーン・ハウス

エコ・フレンドリー・レストランの先駆け

地球環境に配慮することが企業の常識となったいま、ロンドンのレストラン業界におけるパイオニア的存在がここ。オーガニック料理の味も一級！

住所：69 Swinton Street, WC1X 9NT
電話：020 7812 1842　営：月〜金 8:00〜11:00/
12:00〜15:00/18:00〜22:00、土 12:00〜22:00、
日祝 12:00〜16:00　無休

A　🍴 Kennards
ケナーズ

ランチにピクニックに大活躍

地元フード・ラバー御用達のクオリティ食材店の狙い目は、フレッシュな食材を使った日替わりのデリ。店の奥にはミニ・イートイン・スペースもあるので、デリ・ボックス＆ケーキで幸せなランチ・タイムを。

住所：57 Lamb's Conduit Street, WC1N 3NB
電話：020 7404 4030　営：月〜金 8:30〜17:00、
土 9:30〜17:00、日 11:00〜17:00　無休

A　🍴 06 St Chad's Place
オー・シックス・セント・チャッズ・プレイス

建築オフィスがオーナーの隠れ家バー

古い倉庫を改装しただだっ広いスペースがクール・モダンなカフェ＆バーは、朝食からカクテルの時間まで通しでオープン。気持ちのいい空間で食べるランチや仕事帰りの一杯が地元民に人気。

住所：06 St Chad's Place, WC1X 9HH
電話：020 7278 3355
営：月〜金 8:00〜23:00　休：土日

A　🛍 Shepherds Falkiner's
シェパーズ・フォーキナーズ

世界のクラフト・ペーパーが集まる

手作り製本のための上質紙専門の店には、和紙をはじめイタリアやフランスの美しいファイン・ペーパーがズラリと揃う。好きな絵柄の紙を買っておけば何か手作りするときに重宝しそう。

住所：76 Southampton Row, WC1B 4AR
電話：020 7831 1151　営：月〜金 10:00〜18:00、
土 10:00〜17:00、日 11:30〜16:30　休：祝

B　🍴 The Modern Pantry
ザ・モダン・パントリー

見た目も美しい独創的なデザートが人気

ニュージーランド人女性シェフが手がけるフュージョン料理は1階のカフェでどうぞ。梅干しやワサビなど、驚く食材を組み合わせたデザートをぜひ。

住所：47-48 St John's Square, EC1V 4JJ
電話：020 7553 9210
営：月〜金 8:00〜23:00（月は22:00まで）、
土 9:00〜23:00、日 10:00〜22:00　無休

B　🍴 Vinoteca
ヴィノテカ

おいしいのはワインだけじゃない

ベスト・ワイン・バーにも選ばれた活気あふれるフレンドリーな店。280種あるワインはもちろん、料理の種類も圧巻。

住所：7 St John Street, EC1M 4AA
電話：020 7253 8786　営：月〜土 12:00〜23:00
（食事：月〜金 12:00〜14:45/17:45〜22:00、
土 12:00〜16:00/18:00〜22:00）　休：日

B　🍴 Jerusalem Tavern
エルサレム・タヴァーン

中世のままの趣を残す渋いパブ

サフォーク州にあるクラフト・ビール製造所、セント・ピーターズ・ブリュワリーがロンドンで唯一経営するパブは、14世紀にまで歴史を遡る古参。由緒正しいパブ体験を求めている方はぜひここへ。

住所：55 Britton Street, EC1M 5UQ
電話：020 7490 4281
営：月〜金 11:00〜23:00　休：土日祝

B　🎨 Sadler's Wells
サドラーズ・ウェルズ

最新ダンス・パフォーマンスはここで！

質の高いエッジーなパフォーマンスを行うことで知られ、コンテンポラリー・ダンスをメインにバレエやオペラの実験的作品などを上演中。鬼才マシュー・ボーン作品を多く手がけることでも有名。

住所：Rosebery Avenue, EC1R 4TN
電話：0844 412 4300（チケット予約）
www.sadlerswells.com

ロイヤルな息吹を感じよう

Knightsbridge & Belgravia

ナイツブリッジ＆ベルグレイヴィア

高級デパートやブティックが軒を連ねるナイツブリッジと、各国大使館が集中する閑静な高級住宅街ベルグレイヴィア。ロイヤルなロンドンを体現するエリアだけに、ショップもレストランもハイレベルです。そんな緑あふれる住宅街の中で、気軽に入れて、リーズナブルに楽しめるお店たちをご紹介します。

{ 主な観光スポット }

バッキンガム宮殿

ウエストミンスター大聖堂

ハロッズ／ハーヴェイ・ニコルズ

スローン・ストリート

ハイド・パーク

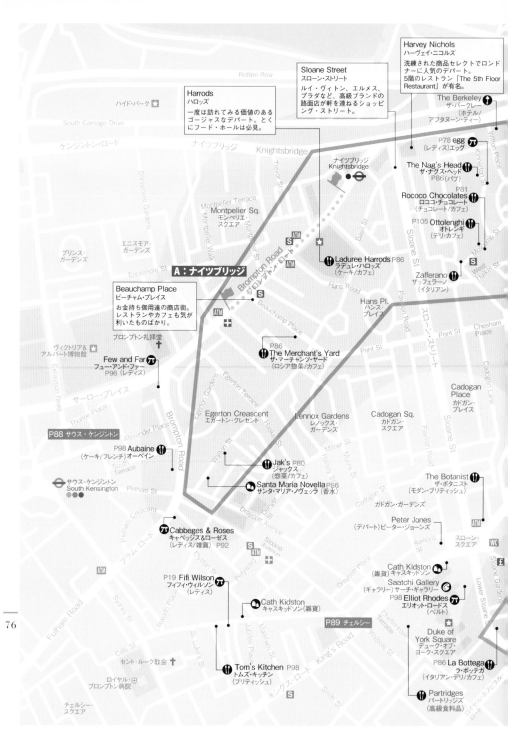

Rotten Row

Harvey Nichols
ハーヴェイ・ニコルズ
洗練された商品セレクトでロンド
ナーに人気のデパート。
5階のレストラン「The 5th Floor
Restaurant」が有名。

Sloane Street
スローン・ストリート
ルイ・ヴィトン、エルメス、
プラダなど、高級ブランドの
路面店が軒を連ねるショッピ
ング・ストリート。

Harrods
ハロッズ
一度は訪れてみる価値のある
ゴージャスなデパート。とく
にフード・ホールは必見。

ハイド・パーク

South Carriage Drive

ケンジントン・ロード

ナイツブリッジ

Knightsbridge

The Berkeley
ザ・バークレー
（ホテル/
アフタヌーン・ティー）

P78 egg
（レディス）エッグ

The Nag's Head
ザ・ナグス・ヘッド
P86（パブ）

P81
Rococo Chocolates
ロココ・チョコレート
（チョコレート/カフェ）

P105 Ottolenghi
オットレンギ
（デリ/カフェ）

Zafferano
ザ・フェラーノ
（イタリアン）

ナイツブリッジ
Knightsbridge

プリンス・
ガーデンズ

エニスモア・
ガーデンズ

Ennismore Gardens

Montpelier Terrace

Montpelier Sq.
モンペリエ・
スクエア

Montpelier Walk

Trevor Pl.

Basil St.

Sloane St.

West Halkin St.

ATM

Laduree Harrods P86
ラデュレ・ハロッズ
（ケーキ/カフェ）

Brompton Road
ブロンプトン・ロード

S

Hans Road

Hans Pl.
ハンス・
プレイス

A：ナイツブリッジ

Beauchamp Place
ビーチャム・プレイス
お金持ち御用達の商店街。
レストランやカフェも気が
利いたものばかり。

ブロンプトン礼拝堂

ヴィクトリア＆
アルバート博物館

Exhibition Road

Thurloe Place

サーロー・プレイス

Egerton Gardens

Egerton Terrace

Beauchamp Place

ATM

P86
The Merchant's Yard
ザ・マーチャンツ・ヤード
（ロシア物菜/カフェ）

Pont St.

Cadogan
Place
カドガン・
プレイス

Chesham
Place

Few and Far
フュー・アンド・ファー
P96（レディス）

Alexander Place

Brompton Road

Egerton Creascent
エガートン・クレセント

Walton St.

Hasker St.

Lennox Gardens
レノックス・
ガーデンズ

Milner St.

Cadogan Sq.
カドガン・
スクエア

Cadogan Place

Pavilion Road

Sloane St.

Cadogan
Place
カドガン・
プレイス

P88 サウス・ケンジントン

P98 Aubaine
（ケーキ/フレンチ）オーベイン

South
Terrace

サウス・ケンジントン
South Kensington

Pelham St.

Jak's P80
ジャックス
（物菜/カフェ）

Santa Maria Novella P86
サンタ・マリア・ノヴェッラ（香水）

Halsey St.

Moore St.

Cadogan St.

The Botanist
ザ・ボタニスト
（モダン・ブリティッシュ）

ガドガン・ガーデンズ

Peter Jones
（デパート）ピーター・ジョーンズ

スローン・
スクエア

WC

Pelham Crescent

ブラム・ロード

Cabbeges & Roses
キャベッジス＆ローゼス
（レディス/雑貨）P92

Draycott Avenue

Sloane
Avenue

S
ATM

Symons St.

Sloane Gardens

Lower Sloane

£

ATM

Sydney St.

P19 Fifi Wilson
フィフィ・ウィルソン
（レディス）

Petyward

Cath Kidston
キャスキッドソン（雑貨）

Draycott Terrace

Cath Kidston
（雑貨）キャスキッドソン

Saatchi Gallery
（ギャラリー）サーチ・ギャラリー

P98 Elliot Rhodes
エリオット・ロードス
（ベルト）

P89 チェルシー

Duke of
York Square
デューク・オブ・
ヨーク・スクエア

Ixworth Place

St. Luke's Rd.

Jubilee Place

Markham St.

Markham Sq.

Kings Rd.

Wellside St.

Cheltenham Terrace

Cole St.

セント・ルーク教会

ロイヤル・
ブロンプトン病院

チェルシー・
スクエア

Fulham Road

Tom's Kitchen P98
トムズ・キッチン
（ブリティッシュ）

Smith St.

King's Road

キングス・ロード

S

P86 La Bottega
ラ・ボッテガ
（イタリアン・デリ/カフェ）

Partridges
パートリッジス
（高級食料品）

メイフェアへ **P36**

グリーン・パーク ☆
Green Park

P37
セント・ジェームズへ

アプスリー・ハウス ☆

The Lanesborough
ザ・レインズバラ（ホテル／アフタヌーン・ティー）

ハイド・パーク・コーナー
Hyde Park Corner

ウェリントン・アーチ

Piccadilly
ピカデリー

Constitution Hill

バッキンガム宮殿 ☆

バッキンガム・ゲート
Birdcage Walk

クイーンズ・ギャラリー ☆

Belgrave Sq.Gardens
ベルグレイヴ・
スクエア・ガーデンズ

ロイヤル・ミューズ

Lower Grosvenor Place

Victoria St

Howick Place

ヴィクトリア・ストリート

ウエストミンスター大聖堂

Poilane P82
ポワラーヌ
（ベーカリー）

The Thomas Cubitt P86
ザ・トーマス・キュービット（ブラッセリー）

La Bottega P86
ラ・ボッテガ
（イタリアン・デリ／カフェ）

ヴィクトリア
Victoria

イートン・スクエア・
ガーデンズ

P85 Mungo & Maud
マンゴー＆モード
（ペット・ブティック）

Tomtom P86
Coffee House
トムトム・コーヒー・
ハウス（カフェ）

ヴィクトリア駅
Victoria

B：ベルグレイヴィア

Lime Tree
Hotel P85
ライム・ツリー・
ホテル

ATM
WC
£

Victoria Coach Station
ヴィクトリア・コーチ・ステーション

Eccleston Sq.
エクルストン・
スクエア

スローン・スクエア
Sloane Square

イーバリー・
スクエア

Daylesford Organic: The Garden
デイルズフォード・オーガニック：ザ・ガーデン
（ガーデン／ホーム雑貨）P84

William Curley
ウィリアム・カーリー
（チョコレート／
ケーキ／カフェ）
P83

WC

Orange Square
オレンジ・スクエア

近くに住んだことのある少年
モーツァルトの銅像が立つス
クエア。周囲にはレストラン
やアンティーク・ショップな
どがたくさん。

L'Artisan
du Chocolat
アーティザン・
ドゥ・ショコラ
（チョコレート）

The Orange P86
ジ・オレンジ
（ホテル／レストラン）

Hunan
フナン（中華）

La Poule Au Pot
ラ・プール・オ・ポ
（フレンチ）

ウォリック・
スクエア

1:10,000
0   100m

77

徒歩約7分

Knightsbridge

Knightsbridge & Belgravia

自分へのご褒美が待つ
お店たちを訪ねて

お買い物欲を満たしてくれるショッピングの女王様的エリア。アンテナを張り巡らせて歩けば、有名ブティックの合間に佇む小さなお店で、生涯付き合う掘り出し物に出会えるかもしれません。アンティークのインテリア・ショップで英国流のアイデアを盗んで日本に持ち帰るのも楽しいもの。またザ・バークレーやザ・レインズバラなど、高級ホテルのアフタヌーン・ティー激戦区でもあります。

強烈な存在感を放つタイムレスなコレクション

egg
エッグ

ナイツブリッジ駅裏手の隠れ家的な通りにあるお店は、真っ白な壁が眩しいギャラリーのような佇まい。ここはイッセイ・ミヤケで長らく働いていたモーリーンさんが世界中を旅して見つけてきた、肌になじむ自然な風合いのハンドクラフト品だけが集まるビューティフル・ワールドです。
インドで丹念につくられているオリジナル商品のほか、アンティーク素材を再生させるケイシー・ヴィダレンのモダン・エスニックな洋服、テキスタイルの大御所ベス・ニールセンの作品、その他インテリア雑貨にいたるまで、モーリーンさんの目を通して選ばれたものはすべてスタイリッシュなのに温かみがあります。同業界のデザイナーたちもひそかに通う通好みのお店は、テキスタイル好きならはずせません。

キナートン・ストリートを歩いていてeggを偶然
見つけたら、誰でもはっとするはず。

36 Kinnerton Street, SW1X 8ES
電話 : 020 7235 9315
地下鉄 : Knightsbridge ●
営業日 : 火ー土 10:00ー18:00
定休日 : 日、月
www.eggtrading.eu

ことのタイプの洋服でも着心地のよさは抜群。

ギャラリーのような空間は19世紀にチーズ屋さんだった建物を改装したもの。

しぼりたてフレッシュ・ジュースは飲むと身体が喜びそう。

しぼりたてジュースとオーガニック惣菜が自慢

Jak's 🍴

ジャックス

オーガニックとホームメイドにこだわった地中海風の惣菜
と、好きなフルーツや野菜をその場でしぼってくれるビタミ
ンいっぱいのジュースが人気のデリ・カフェ。アルバニア出
身のオーナー、ジャックさんは、同じく飲食店を経営してい
たお父さんとともに長年ケータリング業界で働いていました
が、2年前に念願かなってこのお店をオープンしました。アッ
トホームなお店の雰囲気とジャックさんの人柄に惹かれて
やってくる常連さんも多いようです。惣菜だけでなく、デザー
トも充実。イチゴの風味を閉じ込めたストロベリー・チーズ
ケーキがダントツの人気です。朝早くから夜遅くまで営業し
ていることに加え、ご近所にはこのタイプのお店がないので
知っておくと重宝すること間違いなしです。

80

11時頃から店頭に並んでいく惣菜の種類は豊
富。デザートにはぜひチーズケーキを。

---

77 Walton Street, SW3 2HT
電話：020 7584 3441
地下鉄：South Kensington ●●● /
Knightsbridge ●
営業日：月－土 7:30～23:00
定休日：日
予算：フレッシュ・ジュース £3.50（持ち
帰り£3）、惣菜プレート £8.50～
www.jakswaltonstreet.com

ロココの特徴的な青と白のパッケージが踊るかわいい店内。

チョコレート屋さんのホット・チョコレートでほっと一息

Rococo Chocolates

ロココ・チョコレート

UK発オーガニック手作りチョコレート・ショップとして日本でも人気のお店の旗艦店が、おしゃれなモントコム・ストリート沿いにあります。ロンドンの3店舗のうち、庭付きのカフェ・スペースを併設しているのはここだけ。歩き疲れた身体をおいしいホット・チョコレートで癒す至福のときを味わえるとっておきの場所です。創業者のシャンタルさんは、英国の人々にチョコレートに対する意識変革をもたらしたことで賞を受賞した実業家。しかも常に新しいアイデアを考えている根っからのチョコレート好きです。リージェンツ・パークでとれたハチミツを使ったフレーバーあり、ラビオリの形をしたチョコありで、遊び心を忘れないのもロココらしさです。

ファンが多いホット・チョコレートに、さらにチョコを1粒添えてダブルチョコ・ブレイクはいかが。

5 Motcomb Street, SW1X 8JU
電話：020 7245 0993
地下鉄：Knightsbridge ●
営業日：月 12:30－17:00、火－土
10:00－18:30、日・祝 12:00－17:00
定休日：無休
他店舗：321 Kings Road, SW3 5EP
（P88A）/45 Marylebone High Street,
W1U 5HG（P24B）
http://rococochocolates.com

81

ゆったりとした
時間が流れるリッチ・エリア

ヨーロッパ各国の大使館が集中しているベルグレイヴィアは、政治家が多く住む高級住宅地として知られます。さすがお金持ちエリア、緑のスクエアがいたるところにあり、お散歩も気持ちいいものです。お店が集中しているのはイーバリー・ストリートとエリザベス・ストリート界隈。すてきなお店が並ぶオレンジ・スクエアには、土曜の朝にはマーケットがたつのでお見逃しなく。

パリ老舗ベーカリーの UK オンリーワン・ショップ

Poilane (!)

ポワラーヌ

田舎パンの伝統を守り続けるパリ最古のベーカリー、UK唯一のショップがここ。しかも空輸ではありません。パンはすべてお店の地下にある石窯で毎日24時間、特別に訓練された職人さんによって焼かれていて、小売店や契約レストランの分までまかなっているというから驚きです。レーズンやナッツがふんだんに入ったパンはやみつきに。絶品のリンゴ・タルトはぜひ試してみて。

46 Elizabeth Street, SW1W 9PA
電話：020 7808 4910
地下鉄：Victoria ●●● / Sloane Square ●●
営業日：月−金 7:30−19:00、土 7:30−18:00
定休日：日
www.poilane.fr/index.php?lang=en

人気のパン・ド・カンパーニュなど大きめのパンは、4分の1サイズから購入可能。四角いミルク・パンもしっかりとした歯ごたえがこの店ならでは。

宝石箱のようなチョレートの詰め合わせ。　　　　　　　　チョコレート色で統一された店内は落ち着ける雰囲気。

パティシエが魂を傾けるベスト・ブリティッシュ・チョコ

William Curley

ウィリアム・カーリー

スコットランド出身のウィリアムさんと日本人の奥様、寿々枝さんの黄金のパティシエ夫妻が展開する繊細なスイーツ・ワールドを、ようやくロンドン中心部でも楽しめるようになりました。ロンドン南西部の郊外、リッチモンドに1号店をオープンすると同時に大きな評判を呼び、3年連続で世界品評会のベスト・ブリティッシュ・ショコラティエを受賞する快挙。黒酢や山椒、胡麻など難しい素材を見事に昇華させたフレーバー・チョコからもその実力がうかがえますが、パティシエとしてのおふたりの本領はアート作品のようなケーキや英国伝統の焼き菓子にも存分に発揮されています。店内には伝統的なスコッチ・パンケーキなどを食べられるデザート・バーも。スイーツ好きでなくてもぜひ訪れたい名店です。

スコットランド風パンケーキ（£7.50、手前）はウィリアムさんの出身地にちなんで。

198 Ebury Street, SW1W 8UN
電話：020 7730 5522
地下鉄：Sloane Square ●●
営業日：月－土 9:30－22:00（金、土は22:30まで）日 10:00－18:00
定休日：無休　www.williamcurley.co.uk

ナチュラルなボディ・ケア用品のほかにも生活雑貨がたくさん。

店の前はよく手入れされた都会のガーデン向け植物たちでいっぱい。

アーバン・ライフに緑をもたらすガーデン・ショップ

Daylesford Organic: The Garden

デイルズフォード・オーガニック：ザ・ガーデン

コッツウォルズにある本家農場で数々のフレッシュ・フードを生産しているデイルズフォード・オーガニックは、ここ数年で急成長し、いまやロンドンの富裕層マダムたちの生活に欠かせないお店となっています。ベルグレイヴィアのオレンジ・スクエアには、カフェを併設したグローサリー・ショップと、ホーム＆ガーデン専門の2店舗を展開。後者には、都会でガーデン・ライフを楽しむためのさまざまなアイデアが満載。とくにヴァイン・トマトやグレープフルーツ・リーフなど、ボタニカルなアロマが癒し効果抜群のキャンドルや、カモミールやゼラニウムのやさしい香りに包まれるボディ用品が人気です。お買い物のあとは、斜向かいにあるグローサリー・ショップ付きのカフェで一休みがおすすめ。

下：イチジクの葉、バジル、そしてスギの香りをミックスしたキャンドルの香りには、思わずうっとり。

30 Pimlico Road, SW1W 8LJ
電話：020 7730 2943
地下鉄：Sloane Square ●●
営業日：月ー金 10:00－17:00、
土 9:00－17:00、日 11:00－16:00
定休日：無休
他店舗（カフェ・食品）：208-212 West
bourne Grove, W11 2RH（P100A）
http://www.daylesfordorganic.com/

84

犬 も 猫 も 人 間 も ハ ッ ピ ー に な る ペ ッ ト ・ グ ッ ズ

Mungo & Maud

マンゴー＆モード

オーナーご夫婦が犬のジョージ君を飼い始めたとき、自
宅のインテリアに合うペット用品を見つけられなかった
ことが、お店を始めたきっかけとか。それだけに自社ブラ
ンド品にはハイ・デザインなものが揃います。オーガニッ
ク・フードは当然、犬猫用おもちゃ、シャンプー＆リンス、
そして犬の足の裏用バームまで（！）、人間もうらやむよ
うな商品の数々はペット・オーナーなら要チェック。

79 Elizabeth Street, SW1W 9PJ
電話：020 7022 1208
地下鉄：Victoria ●●● / Sloane Square ●●
営業日：月－土 10:00－18:00
定休日：日、祝
www.mungoandmaud.com

豊富な種類の首輪やリードのほかにも多種多彩な
ペット・グッズは、センスのよさが光るものばかり。

お 値 段 、 居 心 地 、 立 地 が 揃 っ た ワ ン ラ ン ク 上 の B & B

Lime Tree Hotel

ライム・ツリー・ホテル

ジョージ王朝時代の古いビルの中に全25室が居心地よ
くおさまった家族経営の小さなホテル。数年前に改装し
たばかりの客室はまるで誰かの家のゲスト・ルームのよう。
ロンドンではホテルと名がつくと朝食なしの場合が多い
ですが、ここは朝食込み。立地条件やお部屋の設備を考
えるととてもリーズナブルです。バスタブ付きの部屋は4
つだけなので、予約するときに確認してみましょう。

135-137 Ebury Street, SW1W 9QU
電話：020 7730 8191
地下鉄：Victoria ●●● / Sloane Square ●●
シングル £95～、ツイン £140～、トリプル £185
www.limetreehotel.co.uk

4ベッドの客室が1部屋だけあるので、家族で滞在
を希望する場合は早めに問い合わせてみて(1泊£
200)。

Knightsbridge & Belgravia の おすすめ

A 🍴 Laduree Harrods
ラデュレ・ハロッズ

ハロッズに再現されたサロン・ド・テ
目がくらみそうなマカロンやケーキがずらりと並んだショーケースは、のぞいたが最後、目を離せなくなる危険性が。軽食もあるので食事→デザートと、ラデュレ・マジックを満喫できます。

住所：87-135 Brompton Road, SW1X 7XL
電話：020 3155 0111
営：月－土 9:00－21:00、日 12:00－18:00　無休

A 🍴 The Merchant's Yard
ザ・マーチャンツ・ヤード

オーガニック・ロシア・カフェ
ビーチャム・プレイスのニュー・フェイスはロシアのハイクオリティ食材を扱うデリ・カフェ。手作りのピロシキやロシア風惣菜は持ち帰り、イートインどちらも可。コーヒー、紅茶もおいしい。

住所：41 Beauchamp Place, SW3 1NW
電話：020 3144 0072　営：月－木 11:00－20:00、
金土 10:00－20:00、日祝 11:00－19:00　無休

A 🍴 The Nag's Head
ザ・ナグス・ヘッド

時が止まったアイリッシュ・パブ
頑固一徹オヤジ系オーナーのケビンさんが25年以上経営するパブはご近所に住む著名人御用達。携帯電話禁止、テレビ・スクリーンなしでがんばる古いパブで、ギネスの洗礼を受けてみては。

住所：53 Kinnerton Street, SW1X 8ED
電話：020 7235 1135　営：月－土・祝 11:00－
23:00、日 12:00－22:30　無休

A 🎁 Santa Maria Novella
サンタ・マリア・ノヴェッラ

伝説のオーデコロンは修道院から
メディチ家に伝わる「王妃の水」を500年にわたって作り続けているフィレンツェの薬局のUKショップ。その昔、修道院が栽培した薬草をもとにつくられた香りは自然なかぐわしさ。

住所：117 Walton Street, SW3 2HP
電話：020 7460 6600
営：月－土 10:00－18:00　休：日祝

B 🍴 The Thomas Cubitt
ザ・トーマス・キュービット

気軽に楽しめるパブ・ブラッセリー
ベルグレイヴィア地区の開発に貢献した高名な建築家の名前を冠したポッシュなブラッセリーは地元民のお気に入り。手前のバー・スペースでは手頃な値段で良質の料理を楽しむことができる。

住所：44 Elizabeth Street, SE1W 9PA
電話：020 7730 6060
営：月－土 12:00－23:20、日 12:00－22:30　無休

B 🍴 La Bottega
ラ・ボッテガ

本格イタリアの味をリーズナブルに
チェルシー地区に数店舗を展開する、イタリア人も通う人気のイタリアン・デリ。お手軽な値段でクオリティ・フードを食べられるとあって、併設カフェはいつも近所のグルメたちでいっぱい。

住所：25 Eccleston Street, SW1W 9NP
電話：020 7730 2730
営：月－金 8:00－19:00、土 9:00－18:00　休：日祝

B 🍴 Tomtom Coffee House
トムトム・コーヒー・ハウス

ロンドンでも指折りの香り高いコーヒー
世界中の産地から取り寄せた豆を丁寧に淹れてくれるコーヒー・ショップ。軽食にはご近所のポワラーヌ（P82）のパンも食べることができる。

住所：114 Ebury Street, SW1W 9QD
電話：020 7730 1771　営：月火 8:00－18:00、
水－金 8:00－21:00、土日 9:00－21:00、（祝は18:00まで）　無休

B 🍴 The Orange
ジ・オレンジ

優雅に目覚めたい朝はこんなホテルで
スローン・スクエア駅からすぐ、少年モーツァルトの銅像が立つオレンジ・スクエアに面したプチ・ブティック・ホテル。客室はすべてキングサイズのダブル・ルーム。4部屋だけなので早めの予約を。

住所：37 Pimlico Road, SW1W 8NE
電話：020 7881 9844　1部屋 £155＋VAT～
www.theorange.co.uk

文化の薫り高いカラフルなハイソサエティ

Chelsea & South Kensington

チェルシー＆サウス・ケンジントン

歩くだけで心が浮き立ってくるような場所は、世の中そう
ありません。ロンドンのチェルシーやケンジントンは、そ
んな数少ない地域のひとつです。キングス・ロードを端か
ら端まで歩いてトレンド・チェック。高級住宅街をセレブ
気分で闊歩。テムズ河沿いに散歩して胸いっぱいに深呼
吸。霧の都の花咲くエリアへようこそ。

{ 主な観光スポット }

ヴィクトリア＆アルバート博物館

自然史博物館

科学博物館

サーチ・ギャラリー

チェルシー・フィジック・ガーデン

キングス・ロード

ヴィクトリア＆アルバート博物館 ★

自然史博物館 ★

P60 Le Pain Quotidien
ル・パン・コティディアン
（オーガニック・ベーカリー・カフェ）

とんぼ Tombo
（和風ケーキ＆デリ）

P98 Oddono's Gelati Italiani
オドーノズ・ジェラーティ・イタリアーニ
（アイスクリーム）

Cromwell Road
クロムウェル・ロード

グロースター・ロード
Gloucester Road

スタンホープ・ガーデンズ

La Cave à Fromage P95
ラ・ケーブ・ア・フロマージュ
（チーズ／ワイン・バー）

Harrington Road

サウス・ケンジントン
South Kensington
Pelham St

ATM

S

Old Brompton Road

P £

The Hummingbird Bakery P109
ザ・ハミングバード・ベーカリー
（カップケーキ）

ATM

Saki II
サキII
（和食）

Harrington Gardens
ハリントン・ガーデンズ

Royal British Society of Sculptors
（ギャラリー）英国彫刻協会 ★

P98 Tendido Cero
テンディド・セロ
〈タパス〉

グレッドハウ・
ガーデンズ

Butler & Wilson P98
バトラー＆ウィルソン
（ジュエリー）

ATM

B：サウス・ケンジントン

オールド・ブロンプトン・ロード

ザ・ボルトンズ

セント・メアリーズ・ボルトンズ教会 ✝

Evelyn Gardens
イヴリン・
ガーデンズ

ロイヤル・
ブロンプトン病院

Chelsea Sq.
チェルシー・
スクエア

Elm Park Gardens
エルム・パーク・
ガーデンズ

Designers Guild
デザイナーズ・ギルド
（インテリア）

S

P97 Demarquette
デマルケット
（チョコレート）

P94 The Cadogan Arms
ザ・カドガン・アームズ
（ガストロ・パブ）

（雑貨）Cath Kidston
キャスキッドソン

P46 Napket
ナプケット
（カフェ）

Green & Stone
グリーン＆ストーン
P98（画材）

P93 The Shop at Bluebird
ザ・ショップ・アット・ブルーバード
（レディス／メンズ／雑貨）

ATM

チェルシー＆
ウエストミンスター病院

The Pig's Ear
ザ・ピッグズ・イアー
（ガストロ・パブ）

P91 The Chelsea Teapot
ザ・チェルシー・ティーポット
（ティー・ルーム）

Rococo
Choolate P81
ロココ・チョコレート
（チョコレート）

P

World's End P90
ワールズ・エンド
（レディス／メンズ）

P92 Cabbages & Roses
キャベッジズ＆ローゼス
（レディス／ホーム雑貨）

セント・メアリーズ教会 ✝

キングス・ロード

チェイニー・ウォーク

Cheyne Walk

P76 ナイツブリッジへ

Few and Far P96
フュー・アンド・ファー（レディス）

Mint
ミント
（インテリア雑貨）

Egerton Creascent
エジャトン・クレセント

Aubaine P98
オーベイン（ケーキ/フレンチ）

Michelin House
ミシュラン・ハウス
歴史的なビルにBibendumのレストラン、オイスター・バー、カフェが入ったランドマーク。

The Conran Shop
ザ・コンラン・ショップ（インテリア）

Cabbeges & Roses
キャベッジズ&ローゼス
（レディス/雑貨） P92

P19 Fifi Wilson
フィフィ・ウィルソン
（レディス）

Cath Kidston（雑貨）
キャスキッドソン

Tom's Kitchen P98
トムズ・キッチン
（ブリティッシュ）

セント・ルーク教会

Habitat
（インテリア/ハビタ）

Heal's
ヒールズ（インテリア）

Le Pain Quotidien
ル・パン・コティディアン
（オーガニック・ベーカリー・カフェ）

Bellocq Tea Atelier
ベローク・ティー・アトリエ
（カスタム・ブレンド・ティー）

Chelsea Farmars Market
チェルシー・ファーマーズ・マーケット
ガーデン・ショップやオーガニック食材店、庭の広いレストランなど、マーケット風に楽しめるお店が集まる場所。

カーライル・ハウス

チェルシー・オールド・チャーチ

Albert Bridge
アルバート・ブリッジ

ラルフ・ローレン、マーガレット・ハウエル、ニコル・ファリなど、英国が誇るブランドが揃って入るビル。

Peter Jones
ピーター・ジョーンズ
チェルシー・マダム御用達のデパート。

Cadogan Gardens
カドガン・ガーデンズ

The Botanist
ザ・ボタニスト
（モダン・ブリティッシュ）

A：チェルシー　　ベルグレイヴィア **P77**

Sloane Sq. スローン・スクエア
スローン・スクエア **Sloane Square**

Cath Kidston
（雑貨）キャスキッドソン

Saatchi Gallery
サーチ・ギャラリー

Elliot Rhodes P98
エリオット・ロードス（ベルト）

Duke of York Square
デューク・オブ・ヨーク・スクエア
ブティックからレストラン、カフェ、コスメまでなんでもあるショッピング・コンプレックス。

Gallery Mess P98
ギャラリー・メス
（カフェ・レストラン）

Partridges
パートリッジズ
（高級食料品）

バートンズ・コート
Burton's Court

ロイヤル・ホスピタル

ラニーラー・ガーデンズ

国立陸軍博物館

チェルシー・エンバンクメント

チェルシー・エンバンクメント

テムズ河
River Thames

Chelsea Physic Garden
チェルシー・フィジック・ガーデン
街の喧騒を忘れて散歩できる歴史ある薬草園。さまざまなハーブを観賞できる。ティー・ルームもおすすめ。

1:10,000
0　　　　100m

徒歩約12分

89

21 世紀も
スウィングし続ける街

世界でも指折りの高級住宅地として知られるチェルシーですが、スウィンギン・ロンドンと呼ばれた1960年代カルチャーの発信地として、またパンク発祥の地として輝いた歴史もあり、今も多彩な魅力を放っています。ショップが集中するキングス・ロードを中心に歩いて正解ですが、ちょっと南下してテムズ河沿いにも歩いてみて。チェイニー・ウォークは著名人に愛されるエレガントな通りです。

キングス・ロードの伝説を生んだパンクの女王

World's End 🥢
ワールズ・エンド

すごい勢いで針が回転する巨大な時計が、ヴィヴィアン・ウエストウッドの反骨精神を見事に表現する伝説の店。ここは21世紀の今も、パンク・ファッションの仕掛人として脚光を浴びた当時のまま、果敢に疾走し続けるヴィヴィアンの熱い創作欲が余すところなく詰まっています。世界的なブランドなのに、記念すべき1号店はオープン当時をしのばせるこぢんまりとした雰囲気も魅力。

430 King's Road, SW10 0LJ
電話：020 7352 6551
地下鉄：Sloane Square ●●
営業日：月－土 10:00－18:00（木は19:00まで）
定休日：日 www.viviennewestwood.com
他店舗：44 Conduit Street, W1S 2YL（P37A）ほか

上／左下：ヴィヴィッドな色づかいと個性的なボディ・ラインを求める信奉者たちの訪問が後を断たない。
右下：この巨大時計が目印。

店名通り、ティーポットのコレクションは必見。

色とりどりのケーキのほかに、軽食メニューも人気。

ガールズのためのチェルシー・ティータイム

The Chelsea Teapot

ザ・チェルシー・ティーポット

金融機関で働くバンカーだったメリッサさんが、心機一転キャリア・チェンジして2009年にオープンしたのが、このかわいらしいティールームです。お店のコンセプトもインテリアのアイデアもすべてメリッサさんが考え、ときにデコレーションまで手がけた手作りの空間はパステル・カラーがやさしく、まるでおとぎの国に出てくる妖精たちのティールームみたい。多彩なデザインのティーポットや趣あるヴィンテージのティーセットも「フェアリー・ケーキ」（英国ではカップ・ケーキのことをこう呼びます）を楽しむのにぴったりです。小麦やグルテンを使わないオーガニック・カップケーキも用意するなど心配りも万全。キングス・ロード歩きに疲れたらぜひ立ち寄ってもらいたい、ほっとするお店です。

女性客と子供連れ家族が圧倒的客層だけれど、ケーキ好きな男性客の姿もちらほら。

402 King's Road, SW10 0LJ
電話：020 7751 5975
地下鉄：Sloane Square ●●
営業日：火—金 8:30–18:30、
土 9:30–18:30、日 12:00–18:00
定休日：月
予算：クリーム・ティー £6.50、アフタヌーン・ティー £16.50、サンドイッチ £3.90〜

91

生活にやさしい彩りを添えてくれるものが並ぶ。 ぴったりと着こなせるよう工夫された洋服たち。

都市生活者に提案する、ほんとうのカントリー・スタイル

Cabbages & Roses ⑦

キャベッジズ＆ローゼス

カントリー調のアンティーク柄ファブリックを使ったインテリア雑貨や洋服で注目を集めるイギリスのブランド、キャベッジズ＆ローゼスは、同じく英国発のキャスキッドソンとコンセプトは似ていますが、キャスよりもさらにナチュラルで素朴なテイストが持ち味です。オーナーのクリスティーナさんは紛れもなく独自のスタイルを持つ女性。インテリアの本を何冊も執筆しているだけでなく、環境に配慮した「ナチュラルな家事」を提唱する都市生活者の新世代リーダーでもあります。世界中の都市で田舎風の生活が見直されてきていますが、このお店にはそんなスタイルを実践するためのアイデアが満載。やさしい色合いのヴィンテージ柄の布を手に入れれば、さっそく何か手作りしたくなるかもしれません。

左：住宅街の中に佇むかわいいお店。
右：ヴィンテージ柄ファブリックは£28/1m〜。

3 Langton Street, SW10 0JL
電話：020 7352 7333
地下鉄：Sloane Square ●●
営業日：月−土 9:30−17:30
定休日：日
www.cabbagesandroses.com

広々としたワンフロアの店舗には無数のデザイン・アイテムが。

コンテンポラリー・ファッション＆デザインのデパート

The Shop at Bluebird

ザ・ショップ・アット・ブルーバード

歴史的建造物であるブルーバード・ガレージが、テレンス・コンラン卿によって改装されたのが1997年のこと。コンラン卿が手がけるレストランやカフェ、デリは今でも健在ですが、1階奥の広大なガレージ・スペースは、5年前からトレンディなライフスタイル・ショップに変身しています。レディスやメンズのファッション・アイテムだけでなく、インテリア雑貨や家具、アート小物、本やCD、子供用おもちゃまで、「ハイ・デザイン」をキーワードに世界中から集められた商品がぎっしりと並ぶ様子は、さながらデザインのデパート。ぶらぶらと見てまわるだけで、英国だけでなく世界の最先端デザインに触れることができます。コンラン卿が提供するグルメな食べ物とのセットで楽しめるデザイン天国。

デザイン関連の書籍も豊富。インテリアのアクセントになるユニークな置物も要チェック。

350 Kings Road, SW3 5UU
電話：020 7351 3873
地下鉄：Sloane Square ●●
営業日：月〜土 10:00−19:00、日 12:00−17:00
定休日：無休
www.theshopatbluebird.com

93

洗練された田舎のパブ風にまとめられたレストラン・セクション。

伝統スタイルを守りながら、ひと味違うフィッシュ＆チップス（£14.50）。

パブごはんをスタイリッシュに楽しめるガストロ・パブ

The Cadogan Arms🍴

ザ・カドガン・アームズ

ロンドンでいちばん影響力のあるタウン誌「タイムアウト」
で2010年ベスト・ガストロ・パブ最終候補に残り、今、熱い
視線を浴びているこの伝統あるパブ、じつは2009年、新し
いオーナーシップのもとに生まれ変わったばかりです。メ
ニューはフィッシュ＆チップス、バブル＆スクイーク、ステー
キ、サンデーローストなど、パブごはんの伝統をかたくなに
守っていますが、お味も盛りつけもモダン・ブリティッシュ
というにふさわしい完成度の高さ。週末はまるごと一羽ロー
ストした鶏に野菜やポテトの付け合わせがセットになった
「お2人様用ホール・チキン」が30ポンド以下とリーズナブル
で人気です。ビリヤード好きな人は2階のビリヤード・ルーム
で地元の人にまざってゲームを楽しんでみては。

食事のあとはラウンジでゆっくりくつろぐのも
よし。リラックスした雰囲気が何よりの魅力。

298 King's Road, SW3 5UG
電話：020 7352 6500
地下鉄：Sloane Square ●●
営業日：月—土 11:00—23:00、
日 11:00—22:30（食事 月—金
12:00—15:30/18:00—22:30、
土 12:00—22:30、日 12:00—21:00）
定休日：無休
www.thecadoganarmschelsea.com

すばらしき
ミュージアムたちとともに

恐竜の骨格標本に圧倒される自然史博物館、体験型展示が面白い科学博物館、そしてウィリアム・モリスをはじめ工芸・装飾関連で素晴らしいコレクションを誇るヴィクトリア＆アルバート博物館。世界最高峰のミュージアムがひしめくサウス・ケンジントンは、老若男女問わず好奇心を満たしてくれる万能エリアです。後悔のないよう、博物館見学と街散策の時間配分をうまくしたいところです。

驚異的な種類と数、クオリティを誇るチーズ王国

La Cave à Fromage 🍴
ラ・ケーブ・ア・フロマージュ

2007年のオープン以来、地元民から絶大なる支持を得ているこのお店は、常時200種類以上のストックを誇るチーズ好きのためのチーズ・ショップ。その多くはファームから直接配送され、最高の状態まで熟成されてから店頭に並びます。気軽に味見できるのもよく、スタッフはみな知識豊富なのでアドバイスも的確。テーブル席ではワインと一緒にチーズの盛り合わせなどをつまむこともできます。

店内にはテーブル席がいくつかあり、会社帰りにふらりと立ち寄る人びとで夕方は混み合う。味見は気軽に頼んでみて。

24-25 Cromwell Place, SW7 2LD
電話：0845 108 8222
地下鉄：South Kensington ●●●
営業日：月―水 10:00―19:00、
木―土 10:00―21:00、日 11:00―17:00
定休日：無休　www.la-cave.co.uk

洋服以外にも数々の個性的な雑貨が目をひく広い店内。　　　　　　　　　　　　　思わず触ってみたくなる天然素材の洋服はどれも美しい。

エレガントだけれどポップなモダン・エスニックの極み

Few and Far

フュー・アンド・ファー

英国デザインの牽引役コンラン・ショップと、英国を代表するイタリアン・カフェ、カルーチオズ。この2大帝国を影に日向に支え大きな影響を及ぼした女性が、プリシラさん、このお店のオーナーです。テレンス・コンラン卿の妹であり、セレブ・シェフ、アントニオ・カルーチオ氏の前妻として2人を支えたプリシラさんは、自身もデザインを手がけるクリエイティブ肌の企業家。彼女が長年育んできた美意識のすべてが注ぎ込まれたお店がここです。インドやモロッコ、イタリアやフェロー諸島で丹念に手作りされている天然素材の洋服やジュエリーは、思わずはっとさせられる真の美しさを秘めたものばかり。オーナー本人が「自分の家に置きたいもの」だけを集めたという品々は豊かさにあふれています。

南イタリア発「Nilu Miao」のジュエリー・コレクション（下）は日本未上陸。

242 Brompton Road, SW3 2BB
電話：020 7225 7070
地下鉄：South Kensington ●●●
営業日：月－土 10:00－18:00、
日 12:00－17:00
定休日：無休
www.fewandfar.net

「チョコを通して世界を表現する」というコンセプトが貫かれたガナッシュたち。

世界の名産をガナッシュ・フレーバーに閉じ込めて

Demarquette

デマルケット

パリのルノートルをはじめ数々のフランスの名店で修業した
ショコラティエ、マークさんが手塩にかけて作り上げるチョ
コレートたち。その一つひとつのフレーバーには、世界中の
物語が凝縮されているといっても過言ではありません。
たとえば英国を代表する香りといえば紅茶。なかでも香り
高いアールグレイはフレーバーとして最適です。マークさん
は、そこで普通の茶葉を使ったりはせず、あくまでも英国
産にこだわり、珍しい英国内の茶園で採れる最高級品質の
アールグレイを使用するのです。全21種類、すべてのフレー
バーがそんな具合にできあがっていくデマルケットのガナッ
シュが、舌の肥えたサウス・ケンジントンの住民たちを甘い
幸せで包んでいることは言うまでもありません。

ガナッシュ以外にも「果樹園」と名付けられたフ
ルーティなチョコなど、多くの種類を扱う。

285 Fulham Road, SW10 9PZ
電話：020 7351 5467
地下鉄：South Kensington ●●●
営業日：火〜木 11:00〜18:00、
金・土 11:00〜19:00
定休日：日、月
www.demarquette.com

97

A Tom's Kitchen
トムズ・キッチン

クオリティ・ブレックファストはここで

英国のスターシェフ、トム・エイキンスが手がけるカジュアル・ブラッセリー。とくに朝食の評判がよく、少し値は張るけれどパンケーキは絶品。

住所：27 Cale Street, SW3 3QP
電話：020 7349 0202
営：月―金 7:00―10:00／12:00―15:00／19:00―23:00、土日祝 10:00―15:00／19:00―23:00　無休

A Gallery Mess
ギャラリー・メス

ギャラリー・カフェの決定版

スローン・スクエアのアイコン的存在となったサーチ・ギャラリーが営業するスタイリッシュなカフェ。広大な中庭に面したオープンなスペースは気持ちいいの一言。夏はぜひテラス席で食事を。

住所：Saatchi Gallery, Duke of York HQ, King's Road, SW3 4LY　電話：020 7730 8135
営：火―土 10:00―23:30、日月 10:00―19:00　無休

A Elliot Rhodes
エリオット・ロードス

バックルを替えられるベルト専門店

英国発モダン・ベルト専門店。取り付け部分が同じサイズであれば、本体はそのままで、色々なデザインのバックルに取り替えられるシステムが好評。

住所：55 Duke of York Square, King's Road, SW3 4LY
電話：020 7730 4000
営：月―土 10:00―19:30、日 12:00―17:00　無休

A Green & Stone
グリーン＆ストーン

ヴィクトリア朝の面影が残る画材屋さん

1927年創業の由緒ある店だけあり、店構えも雰囲気たっぷり。絵の具や筆、スケッチブックなどの画材以外にも、おみやげにできそうなイギリスの伝統オブジェや、ギフト用アート・セットなども。

住所：259 King's Street, SW3 5EL
電話：020 7352 0837　営：月―金 9:00―18:00、土 9:30―18:00、日 12:00―17:00　休：祝

B Tendido Cero
テンディド・セロ

スペインの情熱料理に胸を焦がして

チェルシー地区に形態の異なる3店舗を展開し、ロンドンのスペイン料理のクオリティを底上げしているレストラター・コンビがお届けするタパス部門。

住所：174 Old Brompton Road, SW5 0BA
電話：020 7370 3685
営：毎日 12:00―14:30（土日は15:00まで）／18:30―23:00　無休

B Aubaine
オーベイン

ケーキがおいしいカジュアル・フレンチ

ショーウィンドウに並ぶ美しいケーキ類や、入ってすぐのカウンターに並ぶおいしそうな惣菜パンが目をひくパリ風ブラッセリーは、朝食からティー、ディナーまでフル活用できる旅行者の強い味方。

住所：260-262 Brompton Road, SW3 2AS
電話：020 7052 0100　営：月―土 8:00―22:30、日祝 9:00―22:00　無休

B Oddono's Gelati Italiani
オドーノズ・ジェラーティ・イタリアーニ

自然素材のアイスクリーム・パーラー

ひときわ風味豊かな味わいで他店と一線を画しているオドーノズの基本レシピは、オーナーがおばあちゃんから受け継いだもの。ピスタチオやヘーゼルナッツのほか、フルーツ系もおすすめ。

住所：14 Bute Street, SW7 3EX
電話：020 7052 0732
営：毎日 10:30―23:00（金土は24:00まで）　無休

B Butler & Wilson
バトラー＆ウィルソン

光輝くコスチューム・ジュエリー

スワロフスキーのクリスタルを贅沢に使ったジュエリーの形は多種多彩。キラキラ輝くテディベアのキーホルダーやクモのブローチなど個性的なアクセサリー満載！ おみやげにもぴったり。

住所：189 Fulham Road, SW3 6JN
電話：020 7352 3045　営：月―土 10:00―18:00（水は19:00まで）、日 12:00―18:00　休：8月中の日

ヒッピーとセレブが仲良く共存

Notting Hill
ノッティング・ヒル

週末のアンティーク・マーケット、ヴィクトリア時代のカラ
フルなテラス・ハウス、ファッショナブルな住民たち、夏
の終わりを彩るカリブ系移民たちの祭典ノッティング・ヒ
ル・カーニバル——。歩けば歩くほど多彩な魅力を発見
できるノッティング・ヒルでは、古い英国と今の異文化が
幸せな形で融け合っています。

{ 主な観光スポット }

ポートベロー・ロード・マーケット

ケンジントン宮殿

ケンジントン・ガーデンズ

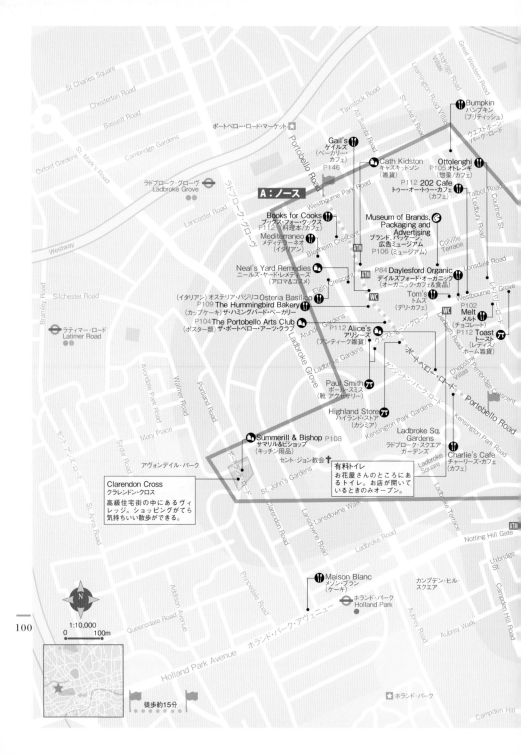

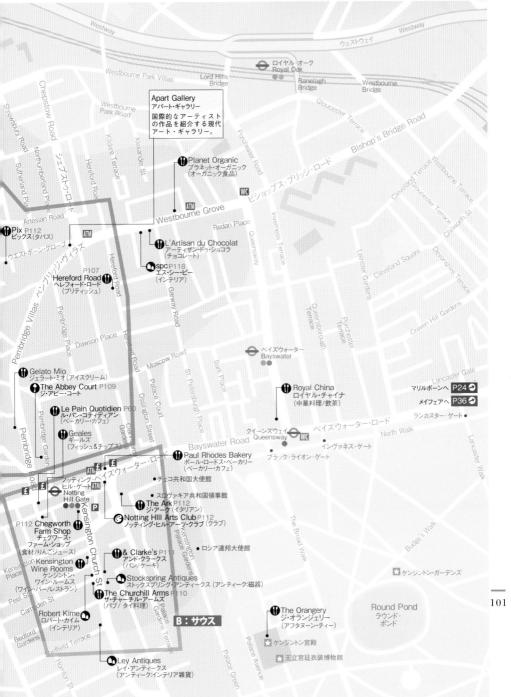

Westway ウェスト・ウェイ Westway

Westbourne Park Villas

Lord Hills Bridge

ロイヤル・オーク
Royal Oak

Ranelagh Bridge

Westbourne Bridge

Westbourne Park Road

Gloucester Terrace

Bishop's Bridge Road

Cleveland Terrace

Westbourne Terrace

Gloucester Terrace

Chilworth St.

Apart Gallery
アパート・ギャラリー
国際的なアーティスト
の作品を紹介する現代
アート・ギャラリー。

Planet Organic
プラネット・オーガニック
（オーガニック食品）

Porchester Road

WC

ビショップス・ブリッジ・ロード

Inverness Terrace

Leinster Gardens

Cleveland Square

Devonshire Terrace

Westbourne Grove

ATM

Redan Place

Queensway

Pix P112
ピックス（タパス）

ウエストボーン・グローブ

ATM

L'Artisan du Chocolat
アーティザン・ドゥ・ショコラ
（チョコレート）

spc P118
エス・シー・ピー
（インテリア）

Garway Road

Queensborough Terrace

Porchester Terrace

Craven Hill Gardens

P107
Hereford Road
ヘレフォード・ロード
（ブリティッシュ）

Hereford Road

Dawson Place

Moscow Road

Bark Place

St. Petersburgh Place

ベイズウォーター
Bayswater

Lancaster Gate

Gelato Mio
ジェラート・ミオ（アイスクリーム）

The Abbey Court P109
ジ・アビー・コート

Palace Court

Ossington Street

Royal China
ロイヤル・チャイナ
（中華料理/飲茶）

マリルボーンへ P24
メイフェアへ P36

North Walk

ランカスター・ゲート

Lancaster Walk

Le Pain Quotidien P60
ル・パン・コティディアン
（ベーカリー・カフェ）

Pembridge Gardens

Clanricarde Gardens

クイーンズウェイ
Queensway

WC

ベイズウォーター・ロード

Geales
ギールズ
（フィッシュ&チップス）

Bayswater Road

ブラック・ライオン・ゲート

インヴァネス・ゲート

Pembridge Road

Paul Rhodes Bakery
ポール・ロードス・ベーカリー
（ベーカリー・カフェ）

The Broad Walk

Budge's Walk

ATM £

ノッティング・ベイズウォーター・ロード
ヒル・ゲート ATM
Notting
Hill Gate
P

チェコ共和国大使館

スロヴァキア共和国領事館

The Ark P112
ジ・アーク（イタリアン）

Notting Hill Arts Club P112
ノッティング・ヒル・アーツ・クラブ（クラブ）

£ £

P112 Chegworth
Farm Shop
チェグワース・
ファーム・ショップ
（食材/りんごジュース）

& Clarke's P111
アンド・クラークス
（パン/ケーキ）

ロシア連邦大使館

Kensington Gardens Terrace

ケンジントン・ガーデンズ

Kensington Wine Rooms
ケンジントン・
ワイン・ルームズ
（ワイン・バー/レストラン）

Kensington Place

Peel St.

Stockspring Antiques
ストックスプリング・アンティークス（アンティーク:磁器）

The Churchill Arms P110
ザ・チャーチル・アームズ
（パブ/タイ料理）

Camden St.

Robert Kime
ロバート・カイム
（インテリア）

B：サウス

The Orangery
ジ・オランジェリー
（アフタヌーン・ティー）

Round Pond
ラウンド・ポンド

Bedford Gardens

Sheffield Terrace

Ley Antiques
レイ・アンティークス
（アンティーク:インテリア雑貨）

Kensington Church St.

Palace Gardens Terrace

Palace Green

Palace Avenue

ケンジントン宮殿

王立宮廷衣装博物館

Horton St.

101

英国の伝統と異文化の
ハイブリッドな魅力

ノッティング・ヒル・ゲート駅を出て北へ向かうとポートベロー・ロードに突き当たり、さらに北上すると東西に走るウェストボーン・グローブに行き当たります。このクロスする2本の通りを中心に、今日もノッティング・ヒルのトレンドは創造されています。アート系リッチ・ピープルが住むセレブな街として、またカリブ系移民が多いヒッピーなエリアとしても、その魅力を存分に発揮しています。

見た目も味もパッケージも、この街らしい風合い

Melt 🍴

メルト

ロンドンのトップ・ホテルの数々で経験を積んだ日本人ヘッド・ショコラティエ、渡辺みかさんが率いるメルトのチョコレートは、見た目も味も繊細でバラエティに富んでいるのが特徴。日本人ならではのセンスと心遣いが行き届いたパッケージとあわせて、ノッティング・ヒルのおしゃれな地元民から大きな支持を得ています。自分で好きなものをトレイにのせてレジに持っていくシステムも、気安さがいいと評判。量り売りなので、お値段が気になるときは気軽に聞いてみて。そのほかスティック付きのチョコレート・キューブをマグ・カップに入れて、ホット・ミルクで溶かしていくホット・チョコレートのアイデアは大ヒット。マグもちょうどいいサイズのものを扱っています。

チョコ・キューブを溶かすホット・チョコレートはおみやげにしても喜ばれそう。

59 Ledbury Road, W11 2AA
電話：020 7727 5030
地下鉄：Notting Hill Gate ●●●
営業日：月〜土 9:00−18:00、
日 11:00−16:00
定休日：無休
www.meltchocolates.com

パッケージは色も形もとってもおしゃれ。

一粒一粒、ゆっくりと味わいたい手作りチョコ。

じっくり選んでいるとあっという間に時間がたちそう。

ノッティング・ヒルのストリートを映し出したアート写真

The Portobello Arts Club

ザ・ポートベロー・アーツ・クラブ

ノッティング・ヒルでのおみやげはアンティーク雑貨もいいけれど、ストリートの一角を切り取ったアート写真もおすすめです。近隣在住の写真家、ジェイソン・ダーストンさんによるポートベロー・マーケットやチェルシー・エリアの写真は、グラフィティなどのストリート・アートをはじめ、ノッティング・ヒルやチェルシーらしいクールで絵になる一角を、ばっちり捉えた作品ばかり。通常のプリントは小さいもので£8から、カンバス地にプリントしたものでも£30からと、お値段もリーズナブルです。なかでも、世界の街角にゲリラ的に現れる覆面イギリス人グラフィティ・アーティスト、バンクシーのロンドン市内の作品を写したものは根強い人気で、ロンドンらしいインテリアとして活躍しそう。

覆面アーティスト、バンクシーの作品などグラフィティものはとくに人気。

Gallery 117, 117 Portobello Road, W11 2DY
電話：020 7229 9240
地下鉄：Notting Hill Gate ●●●
営業日：毎日 10:00－18:00
定休日：無休
www.theportobelloartsclub.com

目移りしてしまう焼き菓子。どれもほっぺたの落ちるおいしさ。

見ているだけで幸せになった惣菜たち。

絶大な人気を誇る惣菜はちょっぴりエキゾチックな味わい

Ottolenghi

オトレンギ

真っ白なインテリアに映える、大皿に盛られた色とりどりの惣菜、そして目移りするような焼き菓子たち。店内に入るだけで幸せな気分になるオトレンギは、いまやデリカテッセンの王様といっていいほどロンドナーの間で人気です。

中東系のオーナー・シェフたちが、エキゾチックなスパイスやハーブ、柑橘類をふんだんに使った、シンプルだけれど目からうろこが落ちるような地中海風惣菜の数々を提案。家では絶対に組み合わせないような食材が仲良くひとつのお皿に収まっています。惣菜だけでなく、ハイ・クオリティのケーキやパン、キッシュや惣菜マフィンなど焼き菓子系も充実。現在、ロンドン市内に4店舗を展開中のオトレンギは、ロンドン滞在中に一度は訪れてみたいお店のひとつです。

3種類のサラダを選ぶプレートは£9.70。肉か魚を1種類＋サラダ2種類で£14.90。

63 Ledbury Road, W11 2AD
電話：020 7727 2442
地下鉄：Notting Hill Gate ●●●
営業日：月－金 8:00－20:00、土 8:00－19:00、日 8:30－18:00　定休日：無休
予算：ワンプレート £9.70～14.90。
持ち帰りは量り売り
www.ottolenghi.co.uk
他店舗：13 Motcomb Street, SW1X 8LB (P76A) ほか

105

パッケージの変遷がこんなに興味深いとは驚き。

ミュージアム・ショップにあるブリキ缶の小物入れは種類もたくさん。

レトロな商品パッケージに思わずにっこり

Museum of Brands, Packaging and Advertising

ブランド、パッケージ、広告ミュージアム

消費者文化保存の観点から、身近な生活雑貨のパッケージや広告デザインを集めて展示した風変わりなミュージアム。住宅街の中の目立たない場所にあり、ご近所さんも知らない人が多い秘密のアトラクションといった感のある場所です。キャドバリー、トワイニングス、マクビティなど英国のおなじみ食品メーカーのパッケージのほかにも、おもちゃや雑誌、商品のおまけまで、レトロなテイストが楽しい展示品は驚くほど充実しており、歴史を追わなくても見ているだけで堪能できます。併設カフェの一角には代表的なパッケージをかたどったブリキのケースやポストカード、マグネットやマグカップまで、おみやげにぴったりのミュージアム・グッズがたくさん。ちょっと昔にタイムスリップできる空間です。

商品パッケージをかたどったポスト・カード。友達に送ると面白がられそう。

2 Colville Mews, Lonsdale Road, W11 2AR
電話：020 7908 0880
地下鉄：Notting Hill Gate ●●●
開館日：火～土 10:00～18:00（最終入場 17:15）、日 11:00～17:00（最終入場 16:15）　閉館日：月
料金：大人 £5.80、子供（7～16歳）£2、家族割引（大人2人＋子供2人）£14、学生／シニア（60歳以上）£3.50
www.museumofbrands.com

ポートベロー・マッシュルームとスクアッシュ（カボチャの一種）の麦リゾット

1〜2人がけ用のシートは気軽にひとりランチもできる雰囲気。

シンプルな英国料理をおいしくリーズナブルに

Hereford Road

ヘレフォード・ロード

食通も注目するモダン・ブリティッシュのお店は、西ロンドンののんびりとした住宅街の中にあります。東ロンドンにある人気レストラン「セント・ジョン ブレッド＆ワイン」（P126）のヘッド・シェフだったトムさんが自分のお店をオープンして3年。英国内で調達した季節の素材をシンプルに調理し、お手頃価格で提供するという気負わないスタイルで、地元になくてはならない存在となりました。とくに平日のセット・ランチはかなりお得。ロンドンのちょっとしたレストランで、3コースを£15.50で提供しているところは探してもなかなか見つかりません。軽く素早くランチを、という人は、メイン1皿とグラス・ワイン、コーヒーがセットになったエクスプレス・ランチ（£9.50）をどうぞ。

アスパラガスにアイルランド産のグビーンというチーズをのせた、シンプルながらフレッシュな一品。

3 Hereford Road, W2 4AB
電話：020 7727 1144
地下鉄：Notting Hill Gate ●●●
営業日：毎日 12:00−15:00／
18:00−22:30（日は22:00まで）
定休日：無休
www.herefordroad.org
予算：平日の2コース・ランチ £13、
3コース・ランチ £15.50、
アラカルト メイン £10−14

107

小さなお店には温かみのあるキッチン雑貨がぎっしり。

日常使いの雑貨こそ、こだわりをもって選びたいもの。

ヨーロッパ流キッチン雑貨のクラフト・ショップ

Summerill & Bishop

サマリル & ビショップ

西の高級住宅街として知られるホランド・パークの小さな
ヴィレッジの中にあるお店には、ヨーロッパ全域から集めら
れたナチュラルでハイセンスなキッチン用品がズラリと並び、
素敵な食卓を演出するためのアイデアにあふれています。カン
トリー・スタイルには違いないけれど、どこか洗練されて
いる、そんなセレクトが人気の秘密。パリの工房でフランス
の土を使ってつくられているアスティエ・ド・ヴィラットの食
器類は、ひとつ持っているだけでもテーブルの主役に。また
ヨーロッパならではのいろいろな種類のナイフやガラス製の
バター入れなどは日本ではあまり見かけないかもしれませ
ん。インターネット販売で日本への発送もしてくれますが、ア
ンティークものはこのお店だけの取り扱いです。

閑静な住宅街の中にあるお店には、ひっきり
なしにお客さんが出入りする。

100 Portland Road, W11 4LQ
電話：020 7221 4566
地下鉄：Holland Park ● /
Notting Hill Gate ●●●
営業日：月−土 10:00−18:00
定休日：日、祝
www.summerillandbishop.com

A

衰えを見せないカップケーキ・ブームの火付け役

The Hummingbird Bakery

ザ・ハミングバード・ベーカリー

今、ロンドン中のカフェで見かけるカラフルなカップケーキの元祖と言っていいのがここ。バタークリーム系のものは日本人の舌にはかなり甘いので、キャロットやブラックボトムなど、クリームチーズ系のフロスティングがのったものがおすすめ。カップケーキ屋は数あれど、「ハミングバードのものはひと味違う」という評判のほどを、ぜひ確かめてみてください！

持ち帰りする場合は、フロスティングが崩れる心配のない特製ボックスに入れてくれる。

133 Portobello Road, W11 2DY
電話：020 7229 6446
地下鉄：Notting Hill Gate ●●●
営業日：月－土 10:30－17:30、日 11:00－17:00
定休日：無休　hummingbirdbakery.com
他店舗：155a Wardour Street, W1F 8WG (P10A)、
47 old Brompton Road SW7 3JB (P109B)

ジェット・バス付きの部屋で眠るぜいたく

The Abbey Court

ジ・アビー・コート

駅から歩いてすぐ、ヒースロー・エクスプレスが発着するパディントン駅からはたったの2駅、ポートベロー・ロード・マーケットはすぐそこという好立地にある、イングリッシュ・カントリー・スタイルのプチ・ホテル。すべての部屋がジェット・バス付きというぜいたくなつくりで、直接予約した場合は満足度の高いコンチネンタル・ブレックファスト込み。お値段もお手頃でおすすめです。

20 Pembridge Gardens, W2 4DU
電話：020 7221 7518
地下鉄：Notting Hill Gate ●●●
シングル £99～、ダブル £120～、
四柱式寝台ダブル £145～
http://abbeycourthotel.co.uk

上：お姫様のように眠れる四柱式寝台の部屋。
左下：優雅な住宅街にあるクラシックなホテル。
右下：バスタブもここなら全室完備。

ケンジントン・ガーデンズまで ぶらぶら歩きを楽しもう

北のウェストボーン・グローブ周辺とは違い、駅周辺はノッティング・ヒルの少し庶民的な顔を楽しめるエリア。とはいえ、高級アンティークのお店が並ぶケンジントン・チャーチ・ストリートを南へ下ると、おしゃれなハイ・ストリート・ケンジントンまではすぐ。あるいはケンジントン・ガーデンズを南へ散歩しつつ、ケンジントン宮殿でアフタヌーン・ティーというコースもおすすめです。

英 国 伝 統 の パ ブ で パ イ ン ト を 傾 け た い 人 へ

The Churchill Arms 🍴

ザ・チャーチル・アームズ

伝統のパブ・スタイルを守り続けるノッティング・ヒルのランドマーク。天井から古い鍋ややかんが所狭しと吊り下がり、チャーチル元英首相ゆかりの小物がいたるところに飾られた店内は、キャラクター・パブと呼ぶにふさわしい趣です。また、ここはロンドンの元祖タイ・パブのひとつで、奥にあるダイニング・スペースでロンドン在住邦人の間で評判のタイ料理を食べることができます。

左：1986年以来ほぼ毎日通い続け、店から記念品をもらった名物おじさんのジョージさん。

119 Kensington Church Street, W8 7LN
電話：020 7792 1246
地下鉄：Notting Hill Gate ●●●
営業日：月-水 11:00-23:00、木-土 11:00-24:00、
日 12:00-22:30　定休日：無休
予算：タイ料理のメイン 約£6

人気のキッシュは日替わりで数種類が登場。

才能あふれる女性シェフによる丁寧な仕事

& Clarke's

アンド・クラークス

旬の素材がもつ味と香りを最大限に引き出した、シンプル
だけれど洗練された料理に定評のあるスター女性シェフ、
サリー・クラークさんによるベーカリー＆デリ部門。ファンが
多い各種パンやケーキ類もはずせませんが、私のおすすめ
はいろいろなチーズを使った香ばしいビスケット類、そして
日替わりで数種類が登場する生地がサクサクのキッシュで
す。イートイン・スペースもあるので、アンティーク・マーケッ
トの散策で疲れたときに小腹を満たしたり、午後のアフタ
ヌーン・ティーを楽しんだりするのに最適。お隣のレストラ
ン部門でちょっとお値段の張るモダン・ブリティッシュに舌
鼓もいいですが、こちらの店も同じクオリティだと太鼓判を
押せます。

おいしい食材が並ぶ
店内では目移りする
かも。機会あればぜ
ひパンを試してみて。

122 Kensington Church Street, W8 4BH
電話：020 7229 2190
地下鉄：Notting Hill Gate ●●●
営業日：月－金 8:00－20:00（カフェは
18:00まで）、土 8:00－16:00（カフェ
は15:00まで）、日 10:00－16:00（カ
フェは15:00まで）　定休日：無休
予算：キッシュまたはスライス・ピザ＆サラダ
各£6、ティー £2.20、コーヒー £2.70
www.sallyclarke.com

111

A **Pix**
ピックス

串刺しカナッペとスパニッシュ・ワイン

一律£2.50で楽しめるさまざまなフレーバーのスペイン風串刺しカナッペpintxosとワインでにぎやかな夜を過ごすのに最適なバー。串の数でお勘定するシステム。

住所：175 Westbourne Grove, W11 2SB
電話：020 7727 6500
営：月－木 17:30－24:30、金－日 12:00－24:30　無休

A **202 Cafe**
トゥー・オー・トゥー・カフェ

近隣マダム御用達おしゃれカフェ

ニコル・ファリの中にあるスタイリッシュなカフェ。お茶だけでなく食事もおいしく、今やウェストボーン・グローブのアイコン的存在に。

住所：Nicole Farhi, 202-204 Westbourne Grove, W11 2RH　電話：020 7792 6888
営：月 10:00－18:00、火－土 8:30－22:30、日 10:00－17:00　無休

A **Books for Cooks**
ブックス・フォー・クックス

料理本の専門書店がつくる料理

店内で扱っている料理本の中から、日替わりでレシピを選んでコース料理を作ってくれる。味がいいと評判で席はすぐに埋まってしまうので、どうしてもランチで食べたい人は11時半には行っておこう。

住所：4 Blenheim Crescent, W11 1NN
電話：020 7221 1992　営：火－土 10:00－18:00
休：日月祝

A **Toast**
トースト

休日に活躍しそうな洋服たち

ちょっと北欧風の香りがするナチュラルなテイストと着心地の良さ、きれいな色づかいが印象的な英ブランド。お店の奥では食器やリネン、ホーム雑貨も扱っており、センスの良さが光る。

住所：191 Westbourne Grove, W11 2SB
電話：020 7229 8325
営：月－土 10:00－18:00、日 11:00－17:00　無休

A **Alice's**
アリシーズ

ミュージアムみたいなアンティーク店

ポートベロー・ロード・マーケットの古参。レトロなおもちゃ、クリケットやポロのスポーツ用品、ユニークな看板など、アンティークの魅力がたっぷり詰まった店内はまるでミュージアム。

住所：86 Portobello Road, W11 2QD
電話：020 7229 8187
営：月－金 10:00－18:00、土 8:00－18:30　休：日

B **The Ark**
ジ・アーク

ロマンチック・ディナーに最適

緑あふれるエントランスにグッと惹かれる小さなモダン・イタリアンは手作りパスタのほかにも目を引くメニューがたくさん。トリュフをふんだんに使った秋限定ディッシュはこの店のスペシャリティ。

住所：122 Palace Gardens Terrace, W8 4RT
電話：020 7229 4024　営：月－土 12:30－15:00/
18:30－23:30（月昼は休み）　休：日祝

B **Chegworth Farm Shop**
チェグワース・ファーム・ショップ

ファーム直送、有機りんごジュース

しぼりたてアップル・ジュースで有名な農園、チェグワース・ヴァレーが直営する初めてのロンドン・ショップ。りんごや他の果物を使った新鮮なジュース以外に、フルーツ・タルト類もおすすめ。

住所：221 Kensington Church Street, W8 7LX
電話：020 7229 3016　営：月－金 8:00－21:00、土 8:00－20:00、日 9:00－18:00　無休

B **Notting Hill Arts Club**
ノッティング・ヒル・アーツ・クラブ

レゲエの名曲でリラックス

店内を飾るアートと一緒に音楽を楽しめるクラブの草分け的存在。カフェ・バー風なので気負わずにレゲエやヒップホップ、ラテン系音楽を楽しもう。

住所：21 Notting Hill Gate, W11 3JQ
電話：020 7460 4459
営：月－金 19:00－26:00、土 16:00－26:00、日 16:00－25:00　無休

イースト・エンドは現在進行形

Shoreditch & Spitalfields

ショーディッチ＆スピタルフィールズ

もともと倉庫街だったイースト・エンド。家賃の安さと
広々としたスペースに惹かれて多くのアーティストたちが
移り住み、この10年ほどで指折りのトレンディ・エリアに
変身しました。ホクストン・スクエアで、スピタルフィール
ズで、ブリック・レーンで、今日もクリエイティブな才能が
新しいトレンドを創造しています。

{ 主な観光スポット }

ホワイト・キューブ（ギャラリー）

ジェフリー・ミュージアム

スピタルフィールズ・マーケット

ブリック・レーン（バングラデシュ街）

コロンビア・ロード・フラワー・マーケット

ナイト・スポット

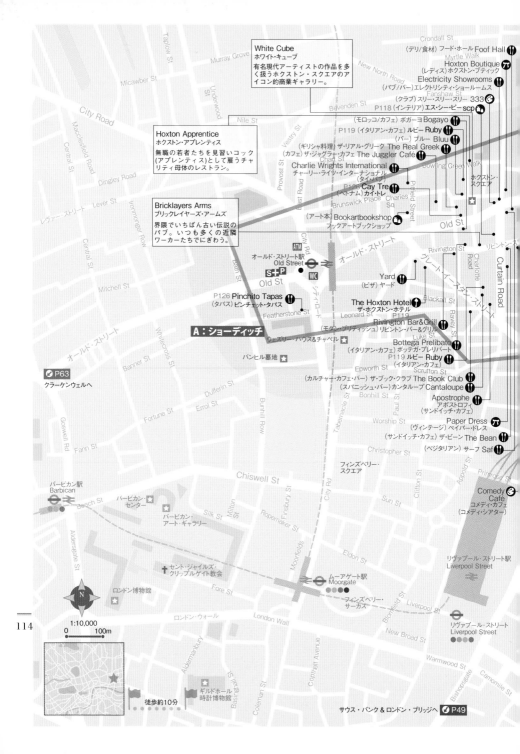

White Cube
ホワイト・キューブ
有名現代アーティストの作品を多く扱うホクストン・スクエアのアイコン的商業ギャラリー。

Hoxton Apprentice
ホクストン・アプレンティス
無職の若者たちを見習いコック（アプレンティス）として雇うチャリティ母体のレストラン。

Bricklayers Arms
ブリックレイヤーズ・アームズ
界隈でいちばん古い伝説のパブ。いつも多くの近隣ワーカーたちでにぎわう。

（デリ/食材）フード・ホール Foof Hall
Myrtle Walk
（レディス）ホクストン・ブティック Hoxton Boutique
Electricity Showrooms
（パブ/バー）エレクトリシティ・ショールームズ
Fanshaw St
（クラブ）スリー・スリー・スリー 333
P118（インテリア）エス・シー・ピー scp
（モロッコ/カフェ）ボガーヨ Bogayo
P119（イタリアン・カフェ）ルビー Ruby ザ・リアル・グリーク The Real Greek
（バー）ブルー Bluu
（ギリシャ料理）ザ・リアル・グリーク The Real Greek
（カフェ）ザ・ジャグラー・カフェ The Juggler Café
Charlie Wrights International
チャーリー・ライツ・インターナショナル
（タイ・パブ）
ホクストン・スクエア
P126 Cay Tre
（ベトナム）カイ・トレ
（アート本）Bookartbookshop
ブックアートブックショップ
Old St

Old Street
オールド・ストリート駅
Old St オールド・ストリート

Yard
（ピザ）ヤード

P126 Pinchito Tapas
（タパス）ピンチェット・タパス

A：ショーディッチ

The Hoxton Hotel
ザ・ホクストン・ホテル
Rivington Bar&Grill
（モダン・ブリティッシュ）リビントン・バー&グリル
Bottega Prelibato
（イタリアン・カフェ）ボッテガ・プレリバート
P119 ルビー Ruby
（イタリアン・カフェ）

P63
クラーケンウェルへ

ウェズリー・ハウス&チャペル

バンヒル墓地

（カルチャー・カフェ・バー）ザ・ブック・クラブ The Book Club
（スパニッシュ・バー）カンタループ Cantaloupe
Apostrophe
アポストロフィ
（サンドイッチ・カフェ）

Paper Dress
（ヴィンテージ）ペイパー・ドレス
（サンドイッチ・カフェ）ザ・ビーン The Bean
（ベジタリアン）サーフ Saf

フィンズベリー・スクエア

Comedy Café
コメディ・カフェ
（コメディ・シアター）

リヴァプール・ストリート駅
Liverpool Street

バービカン駅
Barbican

バービカン・センター

バービカン・アート・ギャラリー

セント・ジャイルズ・クリップルゲイト教会

ロンドン博物館

ムーアゲート駅
Moorgate
フィンズベリー・サーカス

リヴァプール・ストリート
Liverpool Street

114

1:10,000
0   100m

徒歩約10分

ロンドン・ウォール

ギルドホール時計博物館

サウス・バンク＆ロンドン・ブリッジへ P49

Shenfield St
ジェフリー・ミュージアム
Falkirk St

ホクストン駅
Hoxton

Rivington Place
リビントン・プレイス
ビジュアル系アートの公共
ギャラリー。ライブラリー
とカフェも併設。

Cargo
カーゴ
（クラブ）

The Bridge Coffee House
ザ・ブリッジ・コーヒー・ハウス
（カフェ・バー）

Nazrul St

Hackney Road

Laxeiro
（スパニッシュ）ラシェイロ

Jones Dairy
ジョーンズ・デイリー
（チーズ/カフェ）

Ravenscroft St

Shipton St

Campania Gastronomia P126
カンパーニャ・ガストロノミア
（イタリアン・カフェ）

Marcos&Trump
マルコス&トランプ（ヴィンテージ）

C：コロンビア・ロード

Royal Oak
ロイヤル・オーク
（ガストロ・パブ）

Columbia Road

Café Columbia
カフェ・コロンビア（カフェ）

Ryantown P124
ライアンタウン（切り絵アート）

Waterson St

Viet Grill P126
ヴェト・グリル
（ベトナム料理）

Kingsland Road

コロンビア・ロード

Wellington Row

Gosset St

Treacle
トリークル（カップ・ケーキ）

Angela Flanders Perfumaer P125
アンジェラ・フランダース・パヒューマー（香水）

The Grocery
ザ・グローサリー
（自然食材）

Vintage Haven
ヴィンテージ・ヘイヴン
（ヴィンテージ食器）

Austin St
P118
Luna & Curious
ルナ&キュリオス
（デザイン小物）

Virginia Road

Leila's Shop P126
レイラズ・ショップ（カフェ）

Tatty Devine
タッティ・デヴァイン
（アクセサリー）

Turin St

Calvert Avenue
アーノルド・サーカス

Bernstock Speirs P122
バーンストック・スペアーズ（帽子）

Chilton St

Beigel Bake
ベーグル・ベイク
週7日24時間営業の超人気ベー
グル屋。ベーグル・サンドの
ほかチーズケーキも美味。

Bateman's Row
Boundary St

Larache
ララチェ
（アラブ雑貨）
P126

Old Nichol St

Fika
フィカ
（スウェーデン料理）

New Inn Yard

Redchurch St

Brick Lane Coffee P126
ブリック・レーン・コーヒー
（カフェ）

Albion
アルビオン
（ブリティッシュ・カフェ）

Bacon St

Twins Dverses（レディス）
トウィンズ・ダイバーズ

Dunbridge St

Beyond Retro（ヴィンテージ）
ビヨンド・レトロ

Bridge St

Holywell Lane

P116
Pizza East
ピザ・イースト
（ピザ/バー）

Sclater St

Cheshire St

Ella Doran
エラ・ドラン（ホーム雑貨）

B：スピタルフィールズ

Great Eastern St

ショーディッチ・
ハイ・ストリート駅

Wheeler St

Quaker St

(アート雑貨) Mar Mar Co
マーマー・コー

@Work
アット・ワーク
P123（アクセサリー）
Old Truman Brewry

Pedley St

Shelf P123
シェルフ（アート雑貨）

Lobour & Wait
レイバー&ウェイト（ホーム雑貨）

Selby St

Drunken Monkey
ドランクン・モンキー
（点心パブ）

Calvin St

Old Truman Brewry

Vibe Bar ヴァイブ・バー（バー/クラブ）

Rough Trade East
ラフ・トレード・イースト（CD）

Grey Eagle St

Buxton St

Underwood St

Deal St

Vallance Road

The Bigchill Bar
ザ・ビッグチル・バー
（バー/クラブ）

Norton Folgate

The Light
ザ・ライト（モダン・ブリティッシュ）

Hanbury St

Story Deli
ストーリー・デリ（ピザ）

TAJ Store
ティー・エー・ジェイ・ストア
（エスニック・スーパー）

Folgate St
Spital Sq

Teasmith
（ティー）ティースミス

Lamb St

Rosa's
ロサズ（タイ料理）

ロンドン・ジャム・
マジット・モスク

Fournier St
Fourrier St
フォーリエ・ストリート
ギルバート&ジョージをはじ
め多くの有名ブリット・アー
ティストが住む通り。

スピタルフィールズ・マーケット

Hurwundeki
フルウンデキ
（ヴィンテージ）

Princelet St

Christ Church, Spitalfields
クライスト・チャーチ

St John Bread & Wine P126
セント・ジョン ブレッド&ワイン
（ブリティッシュ）

Fashion St

Chicksand St

Brushfield St

Montezuma's
モンテズマズ（オーガニック・チョコレート）

Gun St

Market Coffee House
マーケット・コーヒー・ハウス（カフェ/軽食）

P120 Verde & Co.
ヴェルデ&コー
（サンドイッチ）

Bell Lane

A Gold
エイ・ゴールド
（英国食材）

Toynbee St

Commercial St

Hopetown St

Old Montague St

Petticoat Lane Market
ペティコート・レーン・マーケット
日用雑貨や食料品、革製品を
多く扱う庶民のマーケット。

Brick Lane

Wentworth St

Old Castle St

Duncombe St

Osborn St

Whitechapel Gallery P126
ホワイトチャペル・ギャラリー
（ミュージアム）

オールドゲート・イースト
Aldgate East

Greatorex Road

Whitechapel Road

Adler St

Coke St

Commercial Road
コマーシャル・ロード

Shoreditch
Shoreditch & Spitalfields

クリエイティブな波が
ひっきりなしに押し寄せる場所

アーティストやデザイナーのスタジオ、広告代理店などがひしめくショーディッチの中心はホクストン・スクエア。お天気さえよければビール片手に芝生の上でくつろぐ地元民でいっぱいになります。最近はヴィンテージ系洋服のお店や高感度カフェも増え、夜のクラブ目当てでなくても十分に楽しめるようになりました。一筋縄ではいかないこのエリア、衝撃の出会いが待っているかも……?!

ただならぬ求心力をもつ、ショーディッチの新名所

Pizza East
ピザ・イースト

ロンドンの新しいSOHOと化しているショーディッチにあって、ホクストン・スクエアに次ぐ中心スポットが、紅茶倉庫を改装した「ティー・ビルディング」。クリエイティブ系オフィスが多く入るこのビルの1階に、トレンドに敏感な人たちにいち早く注目されたこのピザ屋さんがあります。コンクリートやパイプむき出しのインダストリアルな空間は、石焼きピザの香りだけでなく、このエリアの空気を吸いにきている人でいつもいっぱい。ピザは分厚いものが主流のロンドンでは珍しく薄くてパリパリ、トッピングもトマト・ソース+チーズに限らずチョイスは豊富です。木曜から土曜日の夜はDJが入ってさらににぎやかに。ヒップなイースト・エンドを感じたい人には、はずせないスポットです。

塩味の濃いチョコ・ソースをつけて食べるふわふわのシナモン・ドーナツ(右)は絶品。

The Tea Building, 56 Shoreditch High
Street, E1 6JJ
電話 : 020 7729 1888
地下鉄 : Old Street ● /
Liverpool Street ●●●●
営業日 : 月〜水 12:00−24:00、
木 12:00−25:00、金 12:00−26:00、
土 10:00−26:00、日 10:00−24:00
定休日 : 無休
予算 : 前菜 £3〜、ピザ £7〜
www.pizzaeast.com

とてもヘルシーなクレイフィッシュとサンファイアのピザ。ピザ・メニューは定期的に変わる。

広々とした店内なので大人数のグループでもOK。

ロンドンのインテリア・トレンドはここでチェック

scp
エス・シー・ピー

英国のトップ・デザイナーたちを自社で抱え、シンプル
で遊び心が感じられる北欧風デザインを得意とするコ
ンテンポラリー家具のお店。なかでもドナ・ウィルソンさ
んによるテキスタイルを使ったクッションやブランケット
は注目アイテム。子供用のおもちゃや時計、アクセサリー、
キッチン雑貨もあり、英国デザインのトレンドを間近に
チェックできます。

135-139 Curtain Road, EC2A 3BX
電話：020 7739 1869
地下鉄：Old Street ●
営業日：月ー土 9:30ー18:00、日・祝 11:00ー17:00
定休日：無休
他店舗：87 Westbourne Grove, W2 4UL　www.scp.co.uk

上：豊富なクッション・カバーは動物柄や植物柄など
見ているだけで楽しい。
右下：ラッピング・ペーパーでさえひと味違う。

風変わりなアイテムたちに釘付け

Luna & Curious
ルナ＆キュリオス

5人のデザイナー／アーティストたちが、セラミック、ファッ
ション、ジュエリー、フィギュアの各分野で才能を競い
合っているユニークなお店。蝶やバラがモチーフの真っ
白なティーセット、ブラック・ユーモア漂う磁器のフィギュ
ア、デカダン・クラシックなファッション・アイテム……。
一度ツボにはまったが最後、新しい作品を求めて定期的
に通ってしまう不思議な魔力のあるお店です。

24-26 Calvert Avenue, E2 7JP
電話：020 3222 0034
地下鉄：Old Street ● / Liverpool Street ●●●●
営業日：毎日 11:00ー18:00
定休日：無休
www.lunaandcurious.com

真っ白いセラミック作品（上）、クマのフィギュア（左
下）、真っ赤なバラ模様の黒いカップ＆ソーサーなど、
どれも個性的。

地元民しか知らない激うまイタリアン・キッチン

Ruby

ルビー

リーノとアフリムの2人組が本場イタリアの味を披露する小さな小さなお店。炭火焼きグリルの上で温めたパンで挟んでくれるチャバタ・サンドイッチはもちろん、日替わりのリゾットやパスタ、ロースト・ミートもハーブをうまく使った本格派、フレーバー豊かでほっぺたが落ちそう。ファスト・フードと言えるのに、スロー・フード。最高峰の「町のイタリアン」としておすすめです。

35 Charlotte Road, EC2A 3PB
電話：04987 654321
地下鉄：Old Street ●
営業日：月−土 10:00−17:00　定休日：日
予算：サンドイッチ £4.50〜、パスタその他 £5.50〜
他店舗：Unit 2b, Hoxton Square, N1 6NU（P114A内2店舗）

上：グリル野菜とハルミ・チーズのサンドイッチは定番。
左下：肉がホロホロになるまで煮込まれたチキンのトマト煮とクスクスは日替わりの一皿。

早く予約すればするほどお得なアーバン・ホテル

The Hoxton Hotel

ザ・ホクストン・ホテル

周辺にはバーやクラブがいっぱい。夜遊びするには最高のロケーションにあるアーバン・シックなこのホテルは、早めの予約が肝心。というのも、全205室、すべて同じつくりの部屋は直前予約で1部屋1泊£199のところ、半年前の予約ならタイミングによっては£59と、とってもお得なのです。全室シャワーだけですが、それでも快適に過ごせること間違いなしの都会派ホテルです。

上：必要なものが過不足なく揃うシンプルな客室。
左：ホテル1階にある「ホクストン・グリル」はローカルにも評判のレストラン。

119

81 Great Eastern Street, EC2A 3HU
電話：020 7550 1000
地下鉄：Old Street ●
予約時期によって1部屋1泊£59〜£199
www.hoxtonhotels.com

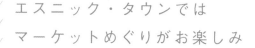

エスニック・タウンでは
マーケットめぐりがお楽しみ

日曜日の有機野菜市で有名だったスピタルフィールズ・マーケットが、改装後は独立系ブティックまで入ったこぎれいなマルチ・マーケットに変身、ますますにぎやかになりました。ちょっと歩くとカレーの匂いに食欲を刺激されるバングラタウン、ブリック・レーンへ。ガラクタ市もたつこの界隈では、移民の街ロンドンの顔を観察でき、ちょっぴり猥雑な雰囲気に旅情をそそられます。

ピエール・マルコリーニのチョコを扱う秘密のグローサリー

Verde & Co. 🍴
ヴェルデ＆コー

スピタルフィールズ・マーケットの目の前にあるこのお店は見ての通り小さなグローサリー・ショップ。店内も2人以上入ると身動きがとれないほど狭いのですが、カウンターの隣に置いてあるピエール・マルコリーニの芸術的なチョコレートの入ったケースが、ただものではないことを物語っています。セント・ジェームズにある有名レストランのヘッド・シェフだったハービーさんが、この小さなお店を始めたのは6年前。ベストな食材がどこで手に入るのか、英国内の供給業者を知り尽くしているハービーさんだからこそ揃えられた商品、そして日々手作りされるグルメなサンドイッチやキッシュは評判上々です。座ってお茶をしたい場合は平日15時以降に行くのがおすすめ。

壁一面ぎっしり並べられたグルメ食材たち。効率よく使われる狭いお店でも、お昼どきは大混雑。

40 Brushfield Street, E1 6AG
電話：020 7247 1924
地下鉄：Liverpool Street ●●●●
営業日：月〜金 10:00−19:00、
土・日 10:00−17:00
定休日：無休
予算：キッシュ＋サラダ £4.50、
サンドイッチ £4.75〜
www.verde-and-company-ltd.co.uk

ピエール・マルコリーニのチョコレートが入ったショー・ケース。

お店の外には新鮮な果物や野菜が入ったバスケットが。

掲載されたヴォーグ誌がインテリア・デコレーションに。

1日の気分を盛り上げてくれるハット・トリック！

Bernstock Speirs 🈂️
バーンストック・スペアーズ

1982年からデザイン・デュオを組んでいるポール・バーンストックさんとテルマ・スペアーズさんが、2004年に初めて出した路面店。ブリック・レーン北端にある目立たない小さなこのお店、じつはカイリーのファースト・アルバムのジャケットに使われているトップレス・ハットで注目を浴びて以来、セレブにもファンが多く、ヴォーグ誌でも常連の帽子レーベルなのです。80年代以前の伝統的な帽子の世界に風穴を開けた2人が掲げるポリシーは、当たり前のようで見過ごされがちな、「つねにファッショナブルであること」。カジュアルでスポーティ、ロマンチックでさえあるデザインは、他レーベルとは一線を画する毅然としたラインが印象的です。メンズもあるので彼と帽子でお揃いはいかが？

麦わらにリボンやスパンコールを組み合わせた
夏コレクションは£40〜。

234 Brick Lane, E2 7EB
電話：020 7739 7385
地下鉄：Old Street ● /
Liverpool Street ●●●●
営業日：火〜金 11:00-18:00、
土・日 11:00-17:00
定休日：月
www.bernstockspeirs.com

大人の中の子供心を揺さぶるアート雑貨

Shelf

シェルフ

オーナーのケイティさんとジェーンさんは、それぞれジュエリー、コスチュームの世界で感性を磨くデザイナー。畑は違っても2人がセレクトする雑貨たちは一本筋が通ったアート感覚あふれるものばかり。たとえば真っ白な漆喰（しっくい）と樹脂でできたアルファベットは、昔のサイレント映画で使われたタイトル部分の再生産品。自分の言葉を紡げば個性的なインテリアになること間違いなしです。

40 Cheshire Street, E2 6EH
電話：020 7739 9444
地下鉄：Liverpool Street ●●●● / Old Street ●
営業日：金・土 12:00－18:00、日 10:00－18:00
定休日：月－木
www.helpyourshelf.co.uk

上：棚に並ぶ小物はつい微笑んでしまうものばかり。
左下：味わいのある形のアルファベット。
右下：明るいオレンジ色が目印。

自分らしさを引き出すジュエリーに出会う場所

@work

アット・ワーク

ブリック・レーン沿いにあるクリエイティブ・ショップとしては11年選手の古株、アット・ワーク。ジュエリー・デザイナーでもある2人のオーナーのお眼鏡にかなった、個性あふれるジュエリーたちが所狭しと並びます。お店で今取り扱っているデザイナーの数は総勢80名ほど。あらゆるテイストのものがあるので、どんな女の子の好みにもマッチするものがきっと見つかるはず。

156 Brick Lane, E1 6RU
電話：020 7377 0597
地下鉄：Liverpool Street ●●●● / Old Street ●
営業日：月－土 11:00－18:00、日 12:30－17:30
定休日：無休
www.atworkgallery.co.uk

123

上：日本人や韓国人ジュエラーの作品もある店内。
左下：可愛らしい毛糸の動物型ブローチは各£7。
右下：ショッキング・ピンクの目立つ店構え。

勝負は日曜日、目指すはフラワー・マーケット！

毎週日曜日だけフラワー・マーケットがたつコロンビア・ロード沿いのお店は、やはり日曜日だけオープンというところが多いので、とにかく日曜日に出かけるしかありません！ 行ってみて損はなし。ヴィンテージもの、フェア・トレード・ファッションに手作りジュエリーなど、ここにしかないお店が所狭しと並ぶ、ロンドンでも指折りの通り。特別な何かに出会えるチャンスも大です。

ポエティックな切り絵でほんわか気分に

Ryantown
ライアンタウン

繊細で詩情豊かな作風で日本にもファンが多い切り絵作家、ロブ・ライアンさんの作品を扱うショップ。日本のアフタヌーンティー社とのコラボでつくった雨の日が楽しくなるような傘をはじめ、思わず微笑んでしまうポエム入りのタイル、本物の切り絵作品など、ロブさんの温かい人柄が伝わってくる作品が並びます。週末のコロンビア・マーケットでははずせないお店。

126 Columbia Road, E2 7RG
電話：020 7613 1510
地下鉄：Old Street ●
営業日：土 12:00−17:00、日 9:00−16:00
定休日：月−金・祝
www.misterrob.co.uk

「何か新しいことを学ぶとこのベルが鳴るよ」など、ほんわかとしたポエム入りのタイル（上）はインテリアによさそう。雨の日が楽しくなる雨傘（左下）も。

顧客のリクエストに応え、ついに土曜日もオープン。

ヴィクトリア時代に戻ったようなエレガントな香りの空間

Angela Flanders Perfumer

アンジェラ・フランダース・パフューマー

テレビの衣裳デザイナーとして活躍していたアンジェラさんが、香りへの情熱がおもむくまま趣味でつくっていたポプリが評判を呼び、コロンビア・ロードにフレグランス・ショップを開いたのが1985年。以来カリスマ的な香水調合師としてさまざまな香りを創りだしてきました。生花やハーブから抽出した天然エッセンスだけを使用して手ずから調合する香水は、上品な芳香ながら意図したところをしっかり主張します。「色合いも香りもより深く」をコンセプトに開発したブラック・シリーズは、女性だけでなく男性にも人気とか。アンジェラさんの香水は、このお店以外ではほとんど手に入らないので、香りを試してみたい方はぜひ土曜、日曜の早い時間に足を運んでみてください。

アンジェラさん(左)の香りへの情熱はいくつになっても衰えない。

125

96 Columbia Road, E2 7QB
電話：020 7739 7555
地下鉄：Old Street ●
営業日：日 10:00－15:30、
　その他の曜日は予約のみ
www.angelaflanders-perfumer.com

A 🍴 Pinchito Tapas
ピンチェット・タパス

ライブリーな雰囲気が人気のバー

バルセロナのタパス・バーをそのままロンドンに移したような活気あるバーは、おいしいタパスをつまみながらカクテルを飲むのにぴったりの場所。ピープル・ウォッチングも楽しい。

住所：32 Featherstone Street, EC1Y 8QX
電話：020 7490 0121
営：月—金 10:00—24:00、土 17:00—24:00　休：日

A 🍴 Albion
アルビオン

コンラン流「カフ」の解釈がこれ

コンラン卿プロデュースの最新ヴェニューは英国の古称を名前にしている通り、古きよき英国風「カフ」（「カフェ」はフランス語）をイメージしたおしゃれ食堂。ベーカリーはとくに充実。

住所：2-4 Boundary Street, E2 7DD
電話：020 7729 1051
営：毎日 8:00—24:00　無休

A 🍴 Viet Grill
ヴェト・グリル

日本人の舌に合うヴェトナム料理

ヴェトナム街、キングスランド・ロードに数あるレストランの中で、シーフード料理と卵チャーハンのおいしさではピカイチ。

住所：58 Kingsland Road, E2 8DP
電話：020 7739 6686　営：月—土 12:00—15:00/17:30—23:00（金土は23:30まで）、日 12:00—22:30　無休

A 🍴 Leila's Shop
レイラズ・ショップ

トースト&エッグのシンプルな幸せ

素朴なカントリー・キッチンをイメージしたかわいらしいグローサリー&カフェ。クオリティ食材を使った軽食はシンプルで味わい深く、コーヒーもおいしい。超人気店なので週末は避けたほうが無難。

住所：17 Calvert Avenue, E2 7JP
電話：020 7729 9789
営：月—土 10:00—18:00、日 10:00—17:00　無休

A 🛍 Larache
ララシェ

色の洪水がまぶしいアラビアン・アート

「マラケシュのアンディ・ウォーホル」の異名をとるモロッコ生まれアーティスト、ハッサン・ハジャジュによるリサイクル素材を使ったインテリア雑貨や写真作品を扱うキッチュなアラブ・ワールド。

住所：30-32 Calvert Avenue, E2 7JP
電話：020 7729 7349　営：木—土 12:00—18:00、日 12:00—16:00　休：月—水・祝

B 🍴 St John Bread & Wine
セント・ジョン ブレッド&ワイン

レストランが焼くパンとデザート

肉料理で有名なクラーケンウェルの名レストラン（P63B）の姉妹店。タパス風のシンプルで小さめのお皿がたくさんあるのでシェアするのに最適。ここのパンとデザートはぜひ試してみたいもののひとつ。

住所：94-96 Commercial Street, E1 6LZ
電話：020 7553 9842　営：月—金 9:00—23:00、土日祝 10:00—16:00/18:00—22:30　無休

B 🎨 Whitechapel Gallery
ホワイトチャペル・ギャラリー

大きくなった前衛アート・スペース

昔から野心的な展覧会を催すことで注目度の高い公共ギャラリー。2009年の改装にともないギャラリー・スペースも大拡張し、エコ・コンシャスな新レストランも併設。アート好きならぜひ。

住所：77-82 Whitechapel High Street, E1 7QX
電話：020 7522 7888
開：火—日 11:00—18:00（木は21:00まで）　休：月

C 🍴 Campania Gastronomia
カンパーニヤ・ガストロノミア

たまにはイタリア風ブランチで

太陽を感じさせる地中海風の料理がやみつきになる小さなカフェ。イングリッシュ・ブレックファストに飽きたらナポリ風ソーセージやチャバタ・ブレッドのイタリアン・ブランチを。

住所：95 Columbia Road, E2 7RG
電話：020 7613 0015
営：火—土 11:00—19:00、日 9:30—19:00　休：月祝

北ロンドンを彩るふたつの顔

Camden Town & Primrose Hill

カムデン・タウン&プリムローズ・ヒル

ヒッピーでロックシックなカムデン・マーケットと、どこまでもセレブな高級住宅地プリムローズ・ヒル。歩いてすぐの対照的なふたつのエリアが、北ロンドン探訪をいっそう魅力的にしています。ここはまた、趣あるリージェンツ運河が流れるエリア。ナローボートに乗って運河めぐりとしゃれこむのも乙なものです。

{ 主な観光スポット }

カムデン・マーケット

ロンドン動物園

プリムローズ・ヒル

リージェンツ・パーク

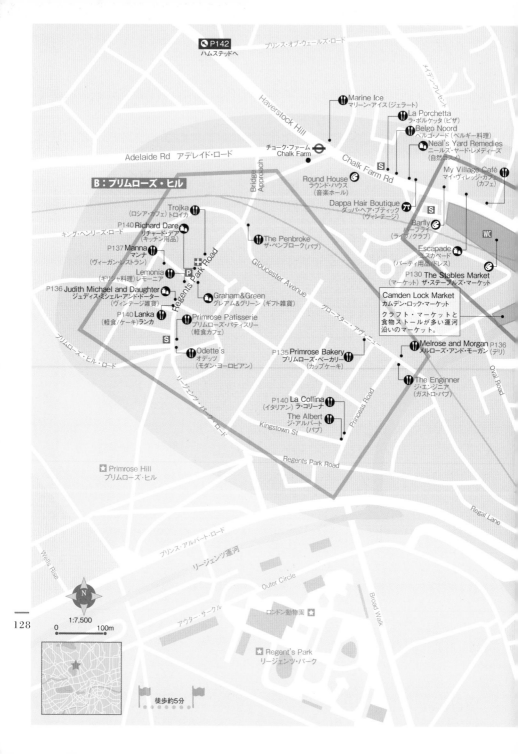

P142
ハムステッドへ

プリンス・オブ・ウェールズ・ロード

Haverstock Hill ハーヴァストック・ヒル

Marine Ice
マリーン・アイス（ジェラート）

La Porchetta
ラ・ポルケッタ（ピザ）

Belgo Noord
ベルゴ・ノード（ベルギー料理）

Neal's Yard Remedies
ニールズ・ヤード・レメディーズ
（自然派）

Adelaide Rd アデレイド・ロード

チョーク・ファーム
Chalk Farm

Chalk Farm Rd

S

My Village Café
マイ・ヴィレッジ・カフェ
（カフェ）

B：プリムローズ・ヒル

Round House
ラウンド・ハウス
（音楽ホール）

Bridge Approach

Trojka
（ロシア・カフェ）トロイカ

P140 Richard Dare
リチャード・デア
キング・ヘンリーズ・ロード （キッチン用品）

Dappa Hair Boutique
ダッパ・ヘア・ブティック
（ヴィンテージ）

Barfly
バーフライ
（ライブ/クラブ）

S

The Penbroke
ザ・ペンブローク（パブ）

Escapade
エスカペード
（パーティ用品/ドレス）

WC

P137 Manna
マンナ
（ヴィーガン・レストラン）

Gloucester Avenue

P830 The Stables Market
（マーケット）ザ・ステーブルズ・マーケット

Lemonia
（ギリシャ料理）レモーニア

P

Regents Park Road

Camden Lock Market
カムデン・ロック・マーケット

クラフト・マーケットと
食物ストールが多い運河
沿いのマーケット。

P136 Judith Michael and Daughter
ジュディス・ミシェル・アンド・ドーター
（ヴィンテージ雑貨）

Graham&Green
グレアム&グリーン（ギフト雑貨）

グローースター・アヴェニュー

P140 Lanka
（軽食/ケーキ）ランカ

Primrose Patisserie
プリムローズ・パティスリー
（軽食カフェ）

S

Melrose and Morgan P136
メルローズ・アンド・モーガン（デリ）

Odette's
オデッツ
（モダン・ヨーロピアン）

プリムローズ・ヒル・ロード

P135 Primrose Bakery
プリムローズ・ベーカリー
（カップケーキ）

リージェンツ・パーク・ロード

The Enginner
ジ・エンジニア
（ガストロ・パブ）

P140 La Collina
（イタリアン）ラ・コリーナ

The Albert
ジ・アルバート
（パブ）

Princess Road

Kingstown St

Regents Park Road

Primrose Hill
プリムローズ・ヒル

Regal Lane

Wells Rise

プリンス・アルバート・ロード

リージェンツ運河

Outer Circle

Broad Walk

N

1:7,500
0   100m
アウター・サークル

ロンドン動物園

Regent's Park
リージェンツ・パーク

徒歩約5分

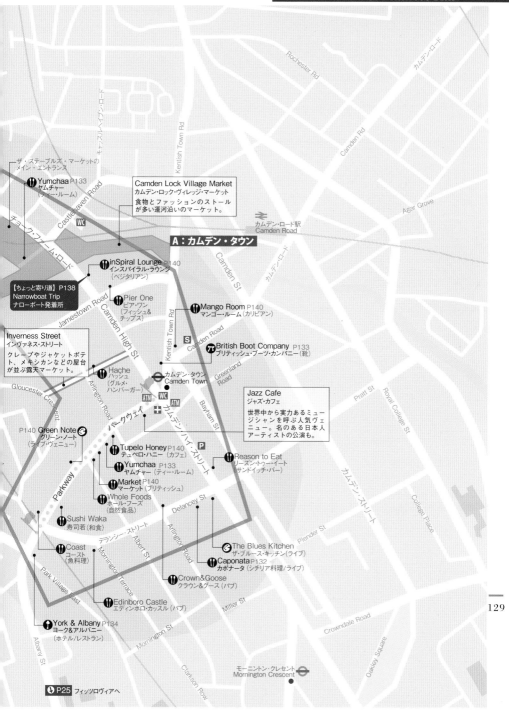

ザ・ステーブルズ・マーケットの
メイン・エントランス

Yumchaa P133
ヤムチャー
（ティー・ルーム）

Camden Lock Village Market
カムデン・ロック・ヴィレッジ・マーケット
食物とファッションのストール
が多い運河沿いのマーケット。

カムデン・ロード駅
Camden Road

チョーク・ファーム・ロード

A：カムデン・タウン

inSpiral Lounge P140
インスパイラル・ラウンジ
（ベジタリアン）

【ちょっと寄り道】 P138
Narrowboat Trip
ナローボート発着所

Pier One
ピア・ワン
（フィッシュ＆
チップス）

Mango Room P140
マンゴー・ルーム（カリビアン）

Inverness Street
インヴァネス・ストリート
クレープやジャケットポテ
ト、メキシカンなどの屋台
が並ぶ露天マーケット。

British Boot Company P133
ブリティッシュ・ブーツ・カンパニー（靴）

Haché
ハッシュ
（グルメ・
ハンバーガー）

カムデン・タウン
Camden Town

Jazz Cafe
ジャズ・カフェ
世界中から実力あるミュー
ジシャンを呼ぶ人気ヴェ
ニュー。名のある日本人
アーティストの公演も。

P140 **Green Note**
グリーン・ノート
（ライブ・ヴェニュー）

Tupelo Honey P140
テュペロ・ハニー（カフェ）

Yumchaa P133
ヤムチャー（ティー・ルーム）

Reason to Eat
リーズン・トゥー・イート
サンドイッチ・バー）

Market P140
マーケット（ブリティッシュ）

Whole Foods
ホール・フーズ
（自然食品）

Sushi Waka
寿司若（和食）

The Blues Kitchen
ザ・ブルース・キッチン（ライブ）

Coast
コースト
（魚料理）

Caponata P132
カポナータ（シチリア料理／ライブ）

Crown&Goose
クラウン＆グース（パブ）

Edinboro Castle
エディンボロ・カッスル（パブ）

York & Albany P134
ヨーク＆アルバニー
（ホテル／レストラン）

モーニントン・クレセント
Mornington Crescent

P25 フィッツロヴィアへ

129

運河の流れる
マーケット・タウン

北ロンドンの入り口にあたるカムデン・タウンは、パンク、ゴス、ロック系の人たちが好んで集まるにぎやかで猥雑な街。駅から北西へ向かい、運河を渡ってチョーク・ファーム・ロードを歩けばマーケットへ。駅南西にのびるおしゃれなパークウェイを行くと、ロンドン動物園のあるリージェンツ・パークまではすぐ。リージェンツ運河の眺めを楽しみながら散策するのにうってつけのエリアです。

小さな露店がぎっしり詰まったボヘミアン・ワールド

The Stables Market

ザ・ステーブルズ・マーケット

カムデン・マーケットは駅周辺から北隣のチョーク・ファーム駅まで広範囲をカバーする複合マーケットですが、特におすすめしたいのは大規模改装を終えつつある北端のステーブルズ・マーケットです。この1年で様変わりしたスペースは「ステーブル（馬小屋）」というだけあって馬をテーマにした新デコレーションが目印。現在450以上の種々雑多なストール（露店）がひしめき、他のマーケットとは比較にならない規模です。

なかでも最近の注目はヴィンテージの眼鏡フレームやゴーグルを扱う「Arckiv」（Unit 87A、火～金 13:00－18:00、土・日 11:00－18:00）。映画の撮影や舞台用にも貸出しているクールなお店がマーケット進出を果たしました。

ヴィンテージ・フレームをリーズナブルに手に入れたいならアーキヴへ。レンズも作ってくれる。

The Stables Market, Chalk Farm Road, NW1
地下鉄：Camden Town ● / Chalk Farm ●
営業日：月～金 10:30－18:00、土・日 10:00－18:00（ほぼすべてのお店がオープンしているのは週末）
www.stablesmarket.com

A

歴史あるステーブルズ・マーケットの入り口。

細い道が有機的に入り組んだマーケットの奥深く。

植物に覆われた「生きた壁」は一見の価値あり。

ライブ・ミュージックとシチリア料理の魅惑的なパッケージ

Caponata ⑪
カポナータ

カムデンの中でも昔からスマートな通りとして知られるデラ
ンシー・ストリート。その道沿いにある「カポナータ」は、生
きた植物にみっしり覆われた壁と、天井の高い吹き抜け空
間が気持ちよいコートヤードがトレードマークのシチリア料
理レストラン。朝から夜までノンストップ営業なので、15時
までやっているブランチ・メニューは狙い目です。

お店に隣接してライブ・ヴェニュー「The Forge」があ
り、壁を取り払うとステージに早変わり。昼夜を問わずジャ
ズ、ファンク、ソウル、フォークやクラシックなどのライブ（無
料〜£15）がほぼ毎日催され、カムデンの夜をクールに、リ
ラックスして過ごせるとっておきのアドレスとしておすすめ。
2階のリストランテでは本格的なシチリア料理をどうぞ。

燻製鴨の胸肉、キャラメル・グースベリー添え
など、ホームメイドのシチリア料理に舌つづみ。

3-7 Delancey Street, NW1 7NL
電話：020 7387 5959
地下鉄：Camden Town ●
営業日：月−土 10:00−15:00/
18:00−22:30、日・祝 10:00−22:30
定休日：無休
予算：プレ・シアター（20:00まで）
2コース £15、アラカルト パスタ £9〜
caponatacamden.co.uk

リーフ・ティーならではの香りがやみつきに

Yumchaa
ヤムチャー

カムデン・ロック・マーケットの小さなお店から始まった
フレーバー・ティー専門のティールーム。アンチ・ティー
バッグのお茶好きオーナーがブレンドした約30種のリー
フ・ティーは、茶葉の種類別にブラック、グリーン、レッド、
ホワイトで分けられ、特徴を際立たせた香りは秀逸です。
煎茶ベースのブレンド・ティーは新鮮な驚きをもたらして
くれるかも。気に入ったらぜひおみやげに。

35-37 Parkway, NW1 7PN
電話：020 7586 6266
地下鉄：Camden Town ●
営業日：月－金 9:00－20:00、土・日 10:00－20:00
定休日：無休　www.yumchaa.co.uk
他店舗：カムデン・ロック・マーケット（P129A内に2店舗）、
　　　　45 Berwick Street, W1F 8SF（P10A）

上：元ペット・ショップだった建物に入っているため、
看板は昔のまま。
右下：カウンターでは各リーフのサンプルを目と鼻で
確かめることができる。

元祖ドクター・マーチン・ショップ

British Boot Company
ブリティッシュ・ブーツ・カンパニー

ロンドンで最初にドクター・マーチンの靴を扱ったことで
も知られる老舗シューズ・ショップ。1960～70年代には
スキンヘッドのお兄さんやパンクやゴスのお姉さんたちが
巡礼したファッション・メッカでもあります。日本で人気
のジョージ・コックスをはじめ、グリンダーズ、ソロベアー
など良質のブリティッシュ・ブランドによるカムデンらしい
ファンキーなシューズを買えるおすすめの店。

色も柄も形も豊富に揃
い、日本ではなじみのな
いものに出会える可能性
大。

5 Kentish Town Road, NW1 8NH
電話：020 7485 8505
地下鉄：Camden Town ●
営業日：毎日 10:00－19:00
定休日：無休
www.britboot.co.uk

最新設備が整ったクラシカルな趣のスーペリア・ルームは3室。

宿泊だけがサービスじゃないオール・イン・ワン・ホテル

York & Albany

ヨーク＆アルバニー

ホテルのファシリティが魅力的だと、滞在の楽しみも増すものです。ミシュラン三つ星をもつ英国人セレブ・シェフ、ゴードン・ラムジー氏の愛弟子、アンジェラ・ハートネットさんがラムジー傘下で総指揮をとるのがヨーク＆アルバニー。良質のモダン・ブリティッシュ・レストラン、素敵なデリカテッセン、スマートなバーのすべてが、リージェンシー様式の建物のひとつ屋根の下に収まったクラシカル・モダンなプチ・ホテルです。一つひとつ個性的にデザインされた全10室のゲスト・ルームにはアンティーク家具が配され、落ち着いたトーンが旅の疲れを癒してくれます。マーケット、プリムローズ・ヒル、リージェンツ・パークは歩いてすぐ。センター地区へもアクセス抜群の好立地ホテルでもあります。

左：おいしい惣菜やケーキを扱うデリ、「Nonna's」
では食事もできる。
右：宿泊客は優先予約できるレストラン。

127-129 Parkway, NW1 7PS
電話：020 7387 5700
地下鉄：Camden Town ●
ダブル £175+VAT～
www.gordonramsay.com/yorkandalbany

134

セレブに愛される
チェーン店のないハイ・ストリート

ケイト・モス、ティム・バートン、ジュード・ロウやシエナ・ミラーをはじめ多くのA級セレブが住むことで知られるプリムローズ・ヒルの魅力には、ヴィクトリア調の街並みの美しさや緑豊かなことに加えて、個性あふれるハイ・ストリートも数えられるのではないでしょうか。チェーン店を寄り付かせない地元民の力に支えられ、リージェンツ・パーク・ロードは今日も生き生きと輝いています。

子供たちが大好きなカップケーキ＆ティー・ルーム！

Primrose Bakery 🍴

プリムローズ・ベーカリー

とどまるところを知らないロンドンのカップケーキ市場ですが、「ザ・ハミングバード・ベーカリー」(P109) とほぼ前後してオープンした元祖の人気店といえばここ。2人のお母さんが子供用パーティにと始めたケーキ作りがビッグ・ビジネスになった今も、このお店は昔と変わらないレトロな温かさに満ちています。平日の午後は子供連れでいっぱいで、まるで放課後のパーティのよう。

69 Gloucester Avenue, NW1 8LD
電話：020 7483 4222
地下鉄：Chalk Farm ●
営業日：月―土 8:30―18:00、日 10:00―17:30
定休日：無休　www.primrosebakery.org.uk
他店舗：42 Tavistock Street, WC2E 7PB (P11B)

135

上：季節商品もあるカップケーキは£1.85～。
左下：木のトレイにカラフルに並ぶケーキは子供たちの大のお気に入り。

レトロな雑貨でインテリアにアクセントを

Judith Michael and Daughter
ジュディス・ミシェル・アンド・ドーター

目の肥えたプリムローズ・ヒルの住人たちに、常にセンス
のいいヴィンテージ雑貨やジュエリーを披露している人
気店。扱っているのは18世紀から1940年〜50年代頃の
お宝たち。目利きのジリアンさん（ドーター＝娘さん）が
各地から集めてくる雑貨たちは、現代のインテリアにも
しっくりとくる味のあるものが多く、ロンドンらしいヴィン
テージ風インテリアのお手本にしたいお店。

73 Regents Park Road, NW1 8UY
電話：020 7722 9000
地下鉄：Chalk Farm ●
営業日：月〜土 10:00−18:00、日 12:00−18:00
定休日：無休
www.judithmichael.com

素敵なヴィンテージ小物
が集まった店内を歩いて
いると、宝探しをしている
気分に。

町にひとつは欲しい英国デリの決定版

Melrose and Morgan
メルローズ・アンド・モーガン

中央に置かれた大テーブルの上は目移りするような惣菜
やケーキでいっぱい。2004年のオープン以来、地元民の
日常になくてはならない存在となったハイクオリティ・デ
リでは、朝、昼、夕方の3回、フレッシュな惣菜が並びます。
天気のいい日はここの惣菜とケーキをもってプリムロー
ズ・ヒルにピクニックに出かけてみては？ イート・イン・カ
ウンターもあります。

42 Gloucester Avenue, NW1 8JD
電話：020 7722 0011
地下鉄：Chalk Farm ●
営業日：月〜金 8:00−19:00、土 8:00−18:00、
日 9:00−17:00
定休日：無休
www.melroseandmorgan.com

上：惣菜は紙製ボックス
に入れて量り売りしてもら
うシステム。
左：ピープル・ウォッチン
グが楽しい小さなカウン
ター席。

フレッシュさがたまらないタイ風前菜の盛り合わせ（£18）。

カジュアルで落ち着ける店内。

ヨーロッパでいちばん古いトップ・ベジ・レストラン

Manna 🍴

マンナ

ロンドンはヨーロッパのほかの都市に比べて格段にベジタリアンにやさしい街ですが、本格的な菜食料理をふるまうヨーロッパでもっとも古いレストランが、ここプリムローズ・ヒルにあることは、ベジタリアン以外にはあまり知られていません。1960年代から営業している「マンナ」は、「野菜だけの料理は味気ない」という常識を覆し、味付け、盛り付け、店の雰囲気のすべてで通常の良質レストランと変わらないクオリティを実現してグルメな菜食主義者たちの支持を得てきました。近年では、健康に気をつかうミート・イーターたちの注目も集めてにぎわっています。「これが野菜料理？」と疑うほど美しいプレゼンテーションは一見の価値あり。名物のサラダ・プレート以外もぜひ試してみたいベジ天国です。

ハーブのアロマティックな香りに食欲をそそられるヴィーガンのインド風タリ。

4 Erskine Road, NW3 3AJ
電話：020 7722 8028
地下鉄：Chalk Farm ●
営業日：ランチ 土・日 12:00−15:00、
ディナー 火−日 18:30−22:30
定休日：月
予算：前菜 £6〜、サラダ £7〜、メイン
£13.00〜 www.mannav.com

137

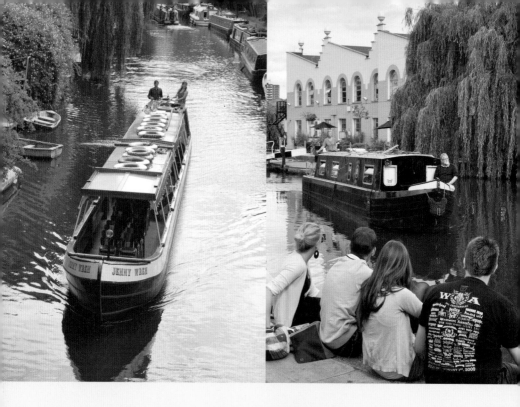

ちょっと寄り道

Narrowboat Trip
ナローボートで運河めぐり

ロンドンは、テムズ河からの支流を利用したたくさんの運河が張
り巡らされた街です。輸送手段として整備された運河ですが、鉄
道の発達にともなってその役目も終わり、今ではレジャー用の「ナ
ローボート」という細長いボートが行き交っています。運河沿いを
歩くのも気持ちいいですが、ボートからの眺めは思いのほか情緒
があって観光気分が盛り上がります。とくに美しい景観で知られ
るLittle Veniceという北ロンドンのエリアに向かう便がおすすめ。
カムデン・タウンには観光用ナローボートの発着所がいくつかあり、
インスパイラル・ラウンジ（P140）の中からも出発しています。

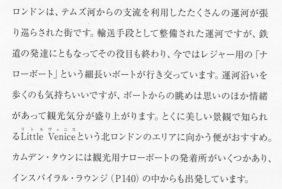

●出発場所：Walker's Quay（インスパイラル・ラウンジの中）
ウォーカーズ キー
●運行会社：Jenny Wren Public Cruises
●運行スケジュール：4−10月：毎日12:30発＆14:30発、週末・祝日
16:30発（8月は毎日運行の10:30発が加わり、16:30発も毎日運行）
3月 週末のみ 12:30発＆14:30発
●運行ルート：カムデン・ロック→ロンドン動物園＆リージェンツ・パーク
→リトル・ヴェニス→カムデン・ロック（途中下車可）
●運行時間：約1時間半
運賃：大人£9、子供（3−15歳）£4.50（3歳未満は無料）、学生/シニ
ア（60歳以上）£7（日曜を除く）
●その他、家族割引や食事付きツアーなどもあるので、問い合わせてみて
ください。
電話：020 7485 4433/020 7485 6210　www.walkersquay.com

A 🍴 Market
マーケット

気軽に立ち寄れる英国ビストロ

カムデンのおしゃれストリート、パークウェイ沿いにある店の中でも一目置かれるモダン・ブリティッシュ。「英国料理とは何ぞや？」という疑問に、シンプルかつおいしい流儀で答えてくれる名店。

住所：43 Parkway, NW1 7PN
電話：020 7267 9700　営：月〜土 12:00−14:30/18:00−22:30、日 13:00−15:30　休：祝

A 🍴 Mango Room
マンゴー・ルーム

陽気なカリブのソウル・フード

オールド・レゲエを聴きながら洗練されたカリビアン料理を食べられるリラックス・ムード満点の店。バーで自慢のモヒートを1杯飲んでレストランに移動するのがおすすめ。名物は山羊肉のカレー。

住所：10-12 Kentish Town Road, NW1 8NH
電話：020 7482 5065
営：毎日 12:00−23:00　無休

A 🍴 inSpiral Lounge
インスパイラル・ラウンジ

運河沿いのリラックス・カフェ

オルタナティブ・カルチャー好きなオーナーによる環境保護への哲学が貫かれたヴィーガン・カフェ＆バー。植物性のオーガニック食材だけでつくる砂糖抜きケーキやチョコレートは至福の味！

住所：250 Camden High Street, NW1 8QS
電話：020 7428 5875　営：月〜木 10:00−22:00、金土 10:00−26:00、日 10:00−23:30　無休

A 🍴 Tupelo Honey
テュペロ・ハニー

おいしい軽食＋スイーツ＝便利カフェ

一人ごはんをしたいとき、ケーキとお茶でくつろぎたいとき、旅の仲間がケーキ派とワイン派に分かれてしまったときなどに重宝するマルチ・カフェ。3階まであるので1階が満席でも入ってみよう。

住所：27 Parkway, NW1 7PN
電話：020 7284 2989
営：月〜土 9:30−23:00、日 12:00−19:00　休：祝

A Green Note
グリーン・ノート

アコースティック音楽に身をゆだねて

ベジタリアン・タパスをつまみながら、ジャズやブルースなどシンガー・ソングライター系のソウルフルな音楽を聴けるライブ・ヴェニュー。

住所：106 Parkway, NW1 7AN
電話：020 7485 9899
営：水木日 19:00−23:00、金 19:00−24:00、土 18:30−24:00（食事は21:30−22:00で終了）　休：月火

B 🍴 La Collina
ラ・コリーナ

ローカル支持No.1のイタリアン

同じ場所で何度かレストラン交代劇があった後、ようやく地元民に歓迎を受けたのは、田舎風スローフードの中にモダンなセンスが光るイタリアン。シーフードを使ったホームメイド・パスタがおすすめ。

住所：17 Princess Road, NW1 8JR
電話：020 7483 0192　営：ランチ 金土日 12:00−15:00、ディナー 毎日 18:30−23:00　無休

B 🍴 Lanka
ランカ

日本人経営のお店の繊細なケーキたち

ロンドンのフレンチ・レストランで経験を積んだ日本人シェフが指揮をとる小さなお店では、フランス風スイーツに和のテイストを加えたエレガントなお菓子と、スリランカ産の香り高い紅茶をどうぞ。

住所：71 Regents Park Road, NW1 8UY
電話：020 7483 2544
営：月〜金 9:00−19:00、土日祝 8:00−17:00　無休

B Richard Dare
リチャード・デア

プロ仕様の本格キッチン用品

1969年創業の台所用品専門店。プロのキッチンを再現できそうな、ロンドンでも指折りの品揃えを誇るお店です。カントリー風の柄で人気のアイルランド陶器、ニコラス・モスの食器類の扱いもあり。

住所：93 Regents Park Road, NW1 8UR
電話：020 7722 9428
営：月〜金 9:30−18:00、土 10:00−18:00　休：日祝

Llyfrgell Ganolog/Central Library
02920382116

Adnewyddwyd/Renewed 01/09/2014
XXXX0019

Teitl/Title	Dyddiad Dychwelyd/Due Date
* Aruite mawaru chisana London	22/09/2014

*Adnewyddwyd heddiw
* Renewed today
Diolch am adnewyddu
Thank you for renewing
www.caerdydd.gov.uk
www.cardiff.gov.uk

ハムステッド・ヒースの風に吹かれて

Hampstead
ハムステッド

詩人や作家、画家、音楽家など、昔から多くの芸術家に
愛されてきたハムステッド・ヒース。自然美あふれるヒー
ス（荒原）の恩恵をたっぷりと受けているハムステッドは、
ロンドンでももっとも美しい住宅地のひとつとして、今も
昔もロンドナーたちの憧れの的です。お店めぐりのほか
にも田舎歩きやピクニックの楽しみもぜひ味わって。

{ 主な観光スポット }

ハムステッド・ヒース

ケンウッド・ハウス

キーツ・ハウス

フェントン・ハウス

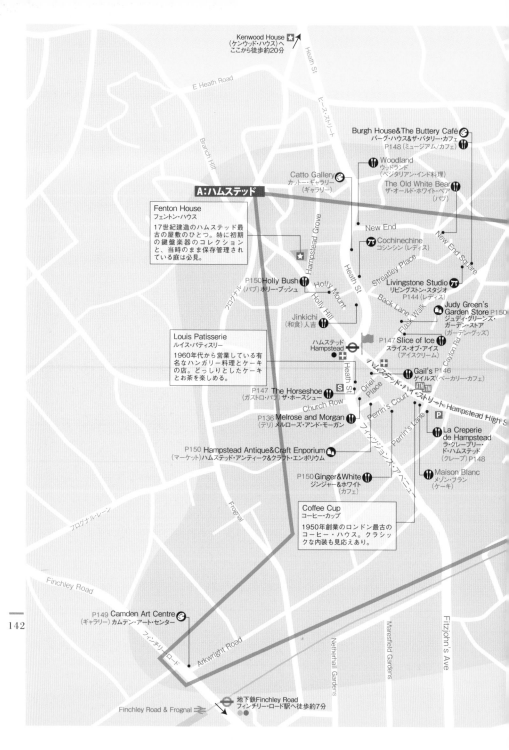

Kenwood House
(ケンウッド・ハウス)へ
ここから徒歩約20分

E Heath Road

Heath St

Branch Hill

ヒース・ストリート

Burgh House&The Buttery Café
バーグ・ハウス&ザ・バタリー・カフェ
P148 (ミュージアム/カフェ)

Woodland
ウッドランド
(ベジタリアン・インド料理)

Catto Gallery
カット・ギャラリー
(ギャラリー)

The Old White Bear
ザ・オールド・ホワイト・ベア
(パブ)

A:ハムステッド

New End

New End Square

Fenton House
フェントン・ハウス

17世紀建造のハムステッド最
古の屋敷のひとつ。特に初期
の鍵盤楽器のコレクション
と、当時のまま保存管理され
ている庭は必見。

Hampstead Grove

Heath St

Cochinechine
コシンシン (レディス)

Streatley Place

Livingstone Studio
リビングストン・スタジオ
P144 (レディス)

P150 Holly Bush
(パブ) ホリー・ブッシュ

Holly Hill

Holly Mount

Back Lane Walk

Judy Green's
Garden Store P150
ジュディ・グリーンズ・
ガーデン・ストア
(ガーデン・グッズ)

Jinkichi
(和食) 人吉

Flask Walk

Clayton Rd

Louis Patisserie
ルイス・パティスリー

1960年代から営業している有
名なハンガリー料理とケーキ
の店。どっしりとしたケーキ
とお茶を楽しめる。

ハムステッド
Hampstead

P147 Slice of Ice
スライス・オブ・アイス
(アイスクリーム)

Gail's P146
ゲイルズ (ベーカリー・カフェ)

ハムステッド・ハイ・ストリート Hampstead High St

Heath St

Oriel
Place

P147 The Horseshoe
(ガストロ・パブ) ザ・ホースシュー

Church Row

Perrin's Court

Perrin's Lane

La Creperie
de Hampstead
ラ・クレープリー・
ド・ハムステッド
(クレープ) P148

P136 Melrose and Morgan
(デリ) メルローズ・アンド・モーガン

フィンチリー・ロード・アベニュー

Maison Blanc
メゾン・ブラン
(ケーキ)

P150 Hampstead Antique&Craft Enporium
(マーケット) ハムステッド・アンティーク&クラフト・エンポリウム

P150 Ginger&White
ジンジャー&ホワイト
(カフェ)

Coffee Cup
コーヒー・カップ

1950年創業のロンドン最古の
コーヒー・ハウス。クラシッ
クな内装も見応えあり。

Frognal

Finchley Road

フログナル・レーン

142

P149 Camden Art Centre
(ギャラリー) カムデン・アート・センター

フィンチリー・ロード

Arkwright Road

Netherhall Gardens

Maresfield Gardens

Fitzjohn's Ave

地下鉄Finchley Road
フィンチリー・ロード駅へ徒歩約7分

Finchley Road & Frognal

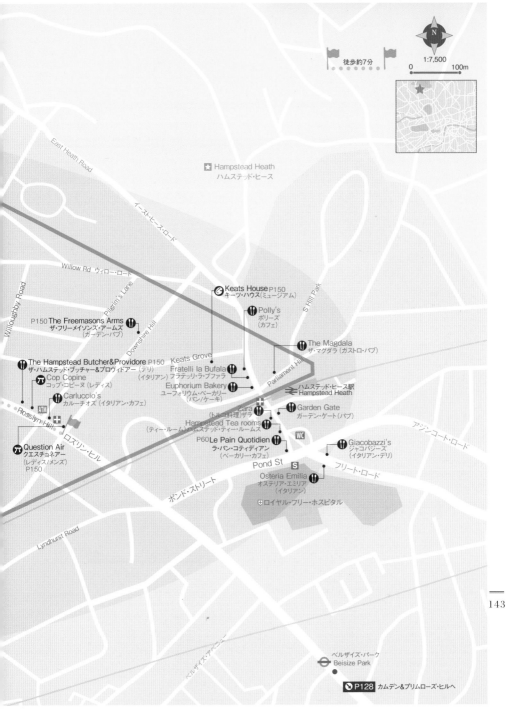

N

1:7,500

0   100m

徒歩約7分

East Heath Road

Hampstead Heath
ハムステッド・ヒース

Willow Rd ウィロー・ロード

Willoughby Road

Pilgrim's Lane

Keats House P150
キーツ・ハウス(ミュージアム)

Polly's
ポリーズ
(カフェ)

P150 The Freemasons Arms
ザ・フリーメイソンズ・アームズ
(ガーデン・パブ)

Downshire Hill

The Magdala
ザ・マグダラ (ガストロ・パブ)

S Hill Park

The Hampstead Butcher&Providore P150
ザ・ハムステッド・ブッチャー&プロヴィドアー (デリ)

Keats Grove

Fratelli la Bufala
フラテッリ・ラ・ブファラ
(イタリアン)

Cop Copine
コップ・コピーヌ (レディス)

Euphorium Bakery
ユーフォリウム・ベーカリー
(パン/ケーキ)

Parliament Hill

ハムステッド・ヒース駅
Hampstead Heath

Carluccio's
カルーチオズ (イタリアン・カフェ)

Rosslyn Hill

Zara
(トルコ料理)ザラ

Garden Gate
ガーデン・ゲート (パブ)

ロズリン・ヒル

ATM

Hampstead Tea rooms
(ティー・ルーム) ハムステッド・ティー・ルームス

WC

アジンコート・ロード

Question Air
クエスチョネアー
(レディス/メンズ)
P150

P60 Le Pain Quotidien
ラ・パン・コティディアン
(ベーカリー・カフェ)

Giacobazzi's
ジャコバジーズ
(イタリアン・デリ)

ボンド・ストリート

Pond St   S

フリート・ロード

Osteria Emilia
オステリア・エミリア
(イタリアン)

ロイヤル・フリー・ホスピタル

Lyndhurst Road

ベルサイズ・パーク
Beisize Park

ベルサイズ・アベニュー

P128 カムデン&プリムローズ・ヒルへ

郊外の魅力をすべて備えた 北ロンドンの星

文化人にこよなく愛される閑静な住宅街ハムステッドには、英国らしいヴィレッジ風景を堪能できる小道がたくさん。カフェやブティックが建ち並ぶ活気あふれるハイ・ストリート周辺以外でも、散策すればするだけうれしい発見があるはず。広大な自然公園ハムステッド・ヒースへは、大通りから歩いて10分ほど。さらに20分ほど歩けば、壮麗な貴族の館、ケンウッド・ハウスが待っています。

世にもスタイリッシュなテキスタイル＆クラフト・ギャラリー

Livingstone Studio 🛒

リビングストン・スタジオ

入り口左手にあるベルを押して中に入れてもらうと、まずはその静謐なギャラリー空間に圧倒されます。真っ白に塗られた壁に掛けられているのは、見た瞬間、「これは本物だ」と直感できるクラフト作品ばかり。テキスタイル・デザイナーのインガさんと、アンティーク・テキスタイル専門のケイトさんがこのギャラリー・ショップを始めたのが1991年のこと。以来、2人の卓越した美的感性に少しでも反するものは入り込む余地のない空間が、純粋培養されてきました。イタリアのダニエラ・グレイジス、ドイツのアンネ・コードセン、日本で活躍するヨーガンレール、また英国の新進作家など、丁寧な手仕事を身上とした作家たちを多く扱う店として、業界からも一目置かれた存在です。

ヨーガンレールの繊細な器（上）をはじめ、洋服以外にもクラフト作品が揃う。

---

36 New End Square, NW3 1LS
電話：020 7431 6311
地下鉄：Hampstead ●
営業日：火〜金 10:30−17:30、
土 11:00−18:00
定休日：日、月、祝

自然光の差し込むギャラリーには美しい手仕事をほどこされた洋服が並ぶ。

素材力を見せつけられる焼き菓子の数々。

絶品焼き菓子に出会えるアルチザン・ベーカリー

Gail's 🍴

ゲイルズ

ロンドン中にパン屋は数あれど、パン好きが納得する本物を作るベーカリーは限られています。1990年代のロンドンに、天然素材だけを使って職人が作る本物のパンをもたらした卸売りブランド「ブレッド・ファクトリー」は経験豊富な職人たちが日々腕をふるっています。その創業者であり、店舗展開したチェルシーの「ベイカー＆スパイス」を成功させたゲイルさんが、金融畑出身の2人のパン好きの力を借りて職人魂の結晶として作ったお店の、記念すべき第1号店がここです。食事パン作りの高い技術に裏打ちされているだけあって、このお店が作る焼き菓子のおいしいこと。英国伝統のキャロット・ケーキはしっとり風味豊か、クリームチーズ・アイシングとの相性も抜群です。

左：季節のベリー類をのせたカップ・ケーキ。
右：ハムステッド・ハイ・ストリートの大人気店。

64 Hampstead High Street, NW3 1QH
電話：020 7794 5700
地下鉄：Hampstead ●
営業日：月－金 7:00～20:00、
土・日・祝 8:00～20:00
定休日：無休
www.gailsbread.co.uk
他店舗：138 Portobello Road, W11
2DZ（P100A）ほか

146

何度でもリピートしたくなるアイスクリーム屋さん

Slice of Ice 🍴

スライス・オブ・アイス

街に1軒もなかったところへやってきたアイスクリーム屋さんは、またたく間に人気者に。アイスクリーム好きが高じてバイヤーから転身したアニーさんが目指すナチュラルなアイスクリームは、ヴェニス出身のイタリア人ジェラート職人による約30種。店頭には常時18種が並びます。ルバーブ＆カスタードなどの変わり種から、定番の乳製品、砂糖不使用のものまで、チョイスはたくさん。

8 Flask Walk, NW3 1HE
電話：020 7419 9908
地下鉄：Hampstead ●
営業日：毎日 11:00－22:00（日は23:00まで）
定休日：無休
www.slice-of-ice.co.uk

1スクープ£2～。左下は濃厚なフレーバーのストロベリー・アイスクリームにチョコ・バーを添えて、チョコ付きコーンに入れたもの。

リアル・エールとパブごはんのハーモニー

The Horseshoe 🍴

ザ・ホースシュー

地下のエール醸造所が手狭になったためご近所に移転させ、「カムデン・タウン醸造所」と銘打ち新たな地エールを発売してエール・ラバーたちの心を捉えているガストロ・パブ。オープン・キッチンからはいつもパブごはんのいい匂いが漂い、風通しのよいコンテンポラリーな空間は、自慢の地エールと一緒に食事を楽しむのにうってつけ。落ち着いて食事をしたいときは奥のレストラン・エリアへ。

28 Heath Street, NW3 6TE
電話：020 7431 7206
地下鉄：Hampstead ●
営業日（食事）：月－土 10:00－15:30/18:30－23:00、
日 12:00－16:00/18:30－21:30　定休日：無休
予算：前菜 £5～、メイン £10.50～

147

メニューはほぼ毎日替わる。上はサバのグリルにフェンネルやトマトを付け合わせた一品。天井が高く気持ちのよい空間は地元の人々でいつもにぎわう。

行列のできるハムステッドの名物クレープ屋台

La Creperie de Hampstead

ラ・クレープリー・ド・ハムステッド

ハムステッドに屋台を構えて早30年。フランス人オーナーによる本場フレンチ・クレープ屋台は、今やハイ・ストリートになくてはならない存在。週末にできる長い行列もハムステッドの風景にすっかりなじんでいます。
ハムやチーズの食事クレープから、チョコレートやメープル・シロップ、フルーツにナッツを包んだデザート系まで、パリッと焼かれた薄い皮のクレープはやみつきになること間違いなし！

食事クレープは £3.90
～、デザート・クレープは
£2.20～。いろいろな種
類があるので、まずは自
分の好きなフレーバーか
ら試してみて。

---

77 Hampstead High Street, NW3 1RE
地下鉄：Hampstead ●
営業日：月－木 12:00－23:00、金－日 12:00－23:30
定休日：無休

田舎風ティー・ルームでクリーム・ティーを召し上がれ

Burgh House & The Buttery Café

バーグ・ハウス & ザ・バタリー・カフェ

美しい庭をもつバーグ・ハウスは、ハムステッドのコミュニティ施設。住民が多目的に利用するほか、歴史あるハムステッドに関連した常設・企画展示も行っています。
入り口にあるミュージアム・ショップでは地元作家によるクラフト作品も販売。田舎のティー・ルームのようなバタリー・カフェでは、伝統的なクリーム・ティーをぜひ。

New End Square, NW3 1LT
電話：020 7431 0144（ミュージアム）
　　　020 7794 2905（カフェ）
地下鉄：Hampstead ●
開館日：水－土 12:00－17:00（土は1階の企画展のみ開館）、カフェ 火－金 11:00－17:30、土・日 9:30－18:00
閉館日：月・火（カフェは火も営業）　入場無料
www.burghhouse.org.uk

左：カフェにはお茶のほか
にスープやチーズ・スコー
ンなどの軽食もある。天
気がよければぜひお庭
で。

住宅街の中にあるギャラリー。

とくにヴィジュアル・アートに力を入れている。

アートを満喫する幸せな午後を過ごすのに最適

Camden Art Centre 🎨

カムデン・アート・センター

国内外、有名無名を問わず、ユニークな実力派アーティスト
たちの展覧会を常時無料で行う、北ロンドンでもっとも規
模の大きい公共コンテンポラリー・アート・ギャラリーです。
教育プログラムにも力を注いでおり、ここから巣立って名を
成したアーティストたちは多数。芸術鑑賞の後は、庭の広い
付属カフェでサラダやキッシュなどの軽食や、おいしいケー
キとコーヒーでリラックスするのがおすすめです。
ここでのさらなるお楽しみは、玄関ホールにあるギャラ
リー・ショップ。良質のアート本がズラリと揃っているほか、
ユニークな絵柄の絵本やカードなど、おみやげにぴったり
のアイテムがたくさん。アート好きが、楽しく充実した半日を
過ごすには最適の場所といえるでしょう。

エントランスにあるブック・ショップはつい長居
してしまいそう。

Arkwright Road, NW3 6DG
電話：020 7472 5500
地下鉄：Finchley Road ●● / Hampstead ●
開館日：火－日 10:00－18:00
（水は21:00まで）
定休日：月、祝日　入場無料
www.camdenartscentre.org

149

A The Freemasons Arms
ザ・フリーメーソンズ・アームズ

広いビア・ガーデンでピムズを

ロンドンにいながらにしてカントリーサイドの雰囲気を味わえる広大なビア・ガーデンが自慢。ヒースから歩いてすぐなので散歩の後に立ち寄るのにぴったり。食事は多国籍ガストロ・メニュー。

住所：32 Downshire Hill, NW3 1NT
電話：020 7433 6811
営：毎日 11:00－23:00（金土23:30、日22:00まで）無休

A Holly Bush
ホリー・ブッシュ

伝統的なパブの魅力全開！

オールド・イングリッシュ・パブの真髄を見極めたいなら、ロンドン最古の部類に入るこのパブへ。天井が低く小部屋がいくつもあり、壁はダークな木製パネル。英国伝統のパイ料理も美味。

住所：22 Holly Mount, NW3 6SG
電話：020 7435 2892
営：月－土 12:00－23:00、日 12:00－22:30　無休

A Ginger & White
ジンジャー＆ホワイト

おしゃれなブリティッシュ・カフェ

フレッシュなローカル素材で作るシンプルなメニューとスクエア・マイル社の香り高いコーヒーが「ブリティッシュネス」を強調するリラックス・カフェ。スマートかつウッディなインテリアも魅力。

住所：4a-5a Perrin's Court, NW3 1QS
電話：020 7431 9098　営：月－金 7:30－17:30、
土日 8:30－17:30　無休

A The Hampstead Butcher & Providore
ザ・ハムステッド・ブッチャー＆プロヴィドアー

ローカル御用達のクオリティ食材

ロンドンのトップ・レストランのシェフだったオーナーが展開する肉屋さん＆デリ。豊富なチーズ＆ワイン・セレクションから良質ペット・フードまで。

住所：56 Rosslyn Hill, NE3 1ND
電話：020 7794 9210　営：月－水 9:00－18:00、
木 9:00－20:00、金土 9:00－19:00、日祝 10:00－
18:00　無休

A Question Air
クエスチョネアー

ジーンズ好きならぜひ立ち寄りたい

信用あるブランドの取り扱いとカスタマー・サービスのよさで支持を得ているセレクト・ショップ。とくにカレントエリオット、ペイジなど個性的なデニム・ブランドのセレクションは秀逸。

住所：28 Rosslyn Hill, NW3 1NH
電話：020 7435 9221　営：月－水 10:30－18:00、
木－土 10:30－18:30、日祝 12:00－17:30　無休

A Judy Green's Garden Store
ジュディ・グリーンズ・ガーデン・ストア

シックなガーデン・ブティック

小さいながらも注意深くセレクトされたセンスのよいアイテムが揃うこちらはロンドンでも名の知れたガーデン・ショップ。インドア、アウトドアを問わない品揃え。キャスキッドソンのユニークな商品も。

住所：11 Flask Walk, NW3 1HJ
電話：020 7435 3832
営：月－金 10:00－18:00、土 8:00－18:30　休：日祝

A Hampstead Antique & Craft Emporium
ハムステッド・アンティーク＆クラフト・エンポリウム

ハムステッドの隠れた宝石

アンティーク・キルトやボタン、ドール・ハウスにミニチュア小物まで、奥深いヴィンテージやクラフトの世界が広がる古くてキュートなマーケット。

住所：12 Heath Street, NW3 6TE
電話：020 7794 3297
営：火－金 10:30-17:00、土 10:00－18:00、
日 11:30－17:30　休：月

A Keats House
キーツ・ハウス

夭逝したロマン派詩人の足跡

詩人ジョン・キーツが1818年から2年間にわたって住み、名詩編を生み出したことから記念館に。原稿や恋文、愛用品などを白亜の屋敷内に展示。

住所：Keats Grove, NW3 2RR　電話：020 7332 3868
営：4－10月/火－日 13:00－17:00　休：月
11－3月/金－日 13:00－17:00　休：月－木、祝
入場：大人£5、子供（16歳以下）無料

旅のイギリス語

ロンドンは私たちのような外国人がたくさん暮らしている街なので、

「英語は苦手」という人でも、少しくらい発音がヘンでも、大丈夫。

気軽に自分の話せる英語で話しかけてみましょう。

お店に入ったら「こんにちは」とスタッフに微笑みかけ、

出て行くときには「ありがとう」の一言を。

ロンドン歩きのコミュニケーションは、そこから始まります。

基本の挨拶

こんにちは
Hello

ありがとう
Thank you

さようなら
Bye

ではまた
See you later

> 少し親しくなった人
> と別れるときに。

（人にぶつかったとき）ごめんなさい
Sorry

（人に呼びかけるとき）すみません
Excuse me

（相手の言葉が聞き取れないとき）
Sorry? / Pardon?

> 語尾を上げるよ
> うに発音します。

街歩きで

（本の地図で行きたい場所を指さして）
ここ/XXへはどうやって行けばいいですか？
How can I get to this place/
XX?

左/右に曲がる
Turn left/right

まっすぐ行く
Go straight

ここから一番近いXXはどこですか？
Where is the nearest XX from
here?

スーパー
supermarket

郵便局
post office

薬局
pharmacy

ATM
cash point

地下鉄の駅
チューブ
tube station / underground station

地上電車の駅
train station

両替所
foreign exchange

ここから歩いてどのくらいかかりますか？
How long does it take from here on foot?

このバスはXXに行きますか？
Does this bus go to XX?

地下鉄で

ここから地下鉄でどのくらいかかりますか？
How long does it take from here by tube?

XXまでの最寄りの地下鉄駅はどこですか？
Which tube station is the nearest one to XX?

旅行者ですが、オイスター・カードを20ポンド分ください。
Could I get an Oyster card for 20 pounds. I am a tourist and don't have an Oyster card.

オイスター・カードを10ポンド分、トップアップ（入金）してください。
I would like to top up my Oyster card for ten pounds, please.

（自動改札を通れないとき）
このオイスター・カードで通れないのですが。
I can't get through with this Oyster card.

この地下鉄はどこ行きですか？
ターミネイト
Where does this train terminate?

この地下鉄はXX駅に止まりますか？
Does this train stop at XX station?

地下鉄のアナウンスで

電車とホームの間の隙間に気をつけてください。
Mind the gap (between the train and the platform).

次の駅は通過します。
The next station is closed.

お店で

（パンなどたくさんある商品のうち、ひとつを指さしながら）それをひとつください。
Could I get one of those?

（商品をレジに持って行って）これをください。
I will take this.

（商品が見当たらないとき）XXはありますか？
Do you have XX?

これを試着してもいいですか？
Could I try this on?

ひとつ大きい/小さいサイズはありますか？
Do you have one size bigger/ smaller?

これはいくらですか？
How much is this?

やっぱり買うのをやめます。ごめんなさい。
I'm sorry, but I am not taking this now.

(まだ決めていないのに店員さんから声をかけられたとき) 見ているだけです、ありがとう。
I'm just looking, thank you.

レストランで

XXの名前で予約しています。
We have a reservation under the name of XX.

予約していないのですが、2人分の席はありますか？
We don't have reservation but do you have a table for two?

メニューを見せてもらえますか？
Could I have a menu please?

前菜/メイン/デザートに、XXを
オーダーします。
I would like to have XX for starter/main/dessert.

ミネラル・ウォーター/炭酸水を1本ください。
Could we have a bottle of still water/sparkling water?

お水をください。
Could we have a jug of tap water?

無料の水道水の
ことです。

(注文した皿がこないとき)
XXを注文したのですが、まだ来ないのですが。
I have ordered XX but it hasn't come yet.

(運ばれてきた皿が注文と違っていたとき)
オーダーが間違っています。注文したのはXX
です。
We didn't order this dish. We ordered XX.

(何かをすすめられて断るとき) 私は結構です。
Not for me, thank you.

とてもおいしかったです。
That was lovely.

トイレはどこですか？
Where is the toilet?

お勘定をお願いします。
Could we have the bill please?

ホテルで

今日から4泊で予約しています。
I have a reservation from today for 4 nights.

朝食は含まれていますか？
Is breakfast included?

バスタブ付きの部屋が希望なのですが。
Do you have any rooms with a bathtub?

(微熱などがあるとき)
気分が悪いのですが、鎮痛剤はありますか？
I'm not feeling well. Do you have paracetamol?

パラセタモールは、非アスピリ
ン系の穏やかに作用する、英国
ではもっとも一般的な鎮痛剤で
す。薬局でなくても普通のスー
パーなどでも手に入ります。

⑪ お菓子

34	Cocorino	ジェラート	マリルボーン
44	Prestat	チョコレート	セント・ジェームズ
52	Konditor and Cook	ベーカリー・カフェ	サウス・バンク
73	Paul A Young	チョコレート	カムデン・パッセージ
81	Rococo Chocolates	チョコレート／カフェ	ナイツブリッジ
83	William Curley	チョコレート／ケーキ／カフェ	ベルグレイヴィア
86	Laduree Harrods	ケーキ／カフェ	ナイツブリッジ
97	Demarquette	チョコレート	サウス・ケンジントン
98	Aubaine	ケーキ／フレンチ	サウス・ケンジントン
98	Oddono's Gelati Italiani	アイスクリーム	サウス・ケンジントン
102	Melt	チョコレート	ノッティング・ヒル：ノース
109	The Hummingbird Barkery	カップケーキ	ノッティング・ヒル：ノース
135	Primrose Bakery	カップケーキ	プリムローズ・ヒル
147	Slice of Ice	アイスクリーム	ハムステッド
148	La Creperie de Hampstead	クレープ	ハムステッド

洋服

19	Fifi Wilson	レディス	コヴェント・ガーデン
55	Michèle Oberdieck	テキスタイル	サウス・バンク
73	Susy Harper	レディス	カムデン・パッセージ
78	egg	レディス	ナイツブリッジ
90	World's End	レディス／メンズ	チェルシー
92	Cabbages & Roses	レディス／雑貨	チェルシー
93	The Shop at Bluebird	レディス／メンズ／雑貨	チェルシー
96	Few and Far	レディス	サウス・ケンジントン
112	Toast	レディス／ホーム雑貨	ノッティング・ヒル：ノース
144	Livingstone Studio	レディス	ハムステッド
150	Question Air	レディス／メンズ	ハムステッド

小物

16	The Old Curiosity Shop	靴	コヴェント・ガーデン
34	TN29	靴	マリルボーン
55	Studio Fusion Gallery	ジュエリー	サウス・バンク
68	Bagman and Robin	バッグ	クラーケンウェル
98	Elliot Rhodes	ベルト	チェルシー
122	Bernstock Speirs	帽子	スピタルフィールズ
123	@Work	アクセサリー	スピタルフィールズ
133	British Boot Company	靴	カムデン・タウン

雑貨

22	Mysteries	スピリチュアル	コヴェント・ガーデン
29	R.D. Franks	デザイン・ブック	フィッツロヴィア
30	Skandium	北欧雑貨	マリルボーン
31	VV Rouleaux	リボン	マリルボーン
34	Around Wine	ワイン・グッズ	マリルボーン
40	Postcard Teas	ティー	メイフェア
42	Miller Harris	香水／ティー	メイフェア
46	Nicole Farhi Home	インテリア雑貨	メイフェア
46	The Royal Arcade	アーケード	メイフェア
54	The Wheel	セラミック	サウス・バンク
55	Bodo Sperlein	セラミック	サウス・バンク
58	Richard Bramble in Borough Market	セラミック	ロンドン・ブリッジ
59	London Glassblowing	ガラス工芸	ロンドン・ブリッジ

カルチャー

ホテル

おわりに

私も初めての海外旅行に、ロンドンを選んだ日本人の一人でした。のちに暮らし始め、10年以上経ったいまも、その魅力が色あせることはありません。

ロンドンの街を歩いていて感じるのは、誰もがマイペースに、国籍や信条に関係なく、のびのびと自分を表現しているということ。異なる文化を背負ったたくさんの人びとを受け入れ、なお自国のアイデンティティを失わない都市。ロンドナーたちが寄ると触ると気まぐれな天気の悪口を言いあうのも、親愛の裏返し。国境なき街、ロンドンの寛容さに、誰もが寄り添って暮らしているのですから。

このように私が日々感じているロンドン像を、できる限りうまく伝えたいという思いで、お店をセレクトしました。このガイドを携えて、ぜひ街に繰り出してみてください。大きさも知れぬ未知の都市が、十分に歩いて楽しめる小さな街であることに気づくきっかけとなれば幸いです。

本書は取材先のみなさんをはじめ、たくさんの方々の協力のもとにできあがりました。この場を借りて、この本を形にしてくださったすべての方々にお礼申し上げます。とくに素敵なアイデアをたくさんちりばめてレイアウトしてくださった塚田佳奈さん、南 彩乃さん、骨の折れる作業をこなし分かりやすい地図に仕上げてくださった山本眞奈美さん、そして、この本の執筆、写真撮影を担当する機会を与えてくださり、最後まで辛抱強く、力強く引っぱってくださった大和書房の鈴木萌さんに、心から感謝申し上げます。また、協力を惜しまず支えてくれた夫のキースにも、ありがとうを言いたいです。

2010年9月　ロンドンにて
江國まゆ

文・写真　text & photographs

江國まゆ　Mayu Ekuni-Valler

岡山県生まれ。編集者／ライター。95年の語学留学で恋におちたロンドンに戻ってくるため準備を整え、98年に再渡英。日本での出版社勤務に引き続き、ロンドンでも英系広告代理店で編集の仕事を続ける。現在はフリーランスとして活動中。リーズナブルでおいしいものを見つけるセンサーが備わる。また無類のクラフト好きで、とくにセラミック、テキスタイルに目がない。

「今日もロンドン気分」
www.ekumayu.com

デザイン　design

塚田佳奈　Kana Tsukada
南　彩乃　Ayano Minami
(ME&MIRACO www.meandmiraco.com)

地図製作　maps

山本眞奈美　Manami Yamamoto
(DIG.Factory)

編集　edit

鈴木萌

カバー写真協力　cover photo

Sketch: The Parlour (P38)

Special thanks to:

Keith Valler

横山千奈美

太田康介

遠藤美希子

歩いてまわる小さなロンドン

2010年10月5日　　第1刷発行
2012年6月10日　　第4刷発行

著者　　　　江國まゆ
発行者　　　佐藤　靖
発行所　　　大和書房　東京都文京区関口1-33-4　〒112-0014
　　　　　　電話 03-3203-4511　振替00160-9-64227
印刷所　　　歩プロセス
製本所　　　田中製本

本書に掲載している情報は、
2010年8月現在のものです。
お店のデータや料金など、
掲載内容が変更される場合もございます。